T0006042

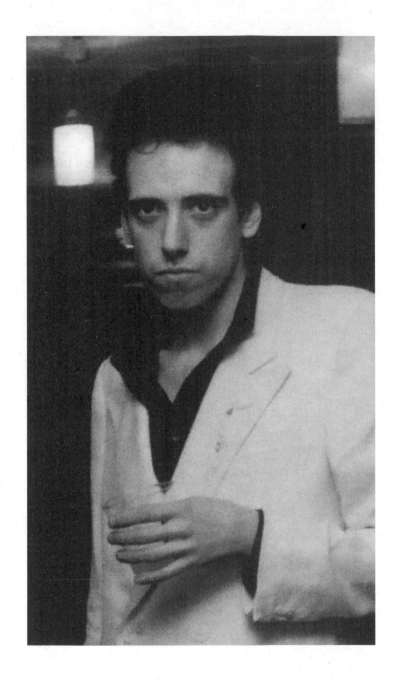

THE CLASH
AUTOBIOGRAFÍA GRUPAL

K

THE CLASH
AUTOBIOGRAFÍA
GRUPAL

THE CLASH

Traducción de Efrén del Valle

LIBROS DEL KULTRUM

Publicado por:
LIBROS DEL KULTRUM
Sinónimo de Lucro, S.L.

Título original:
The Clash

Publicado por Grove Atlantic,
Reino Unido, en 2008

© 2008 by Dorisimo Ltd

© de la traducción 2019,
Efrén del Valle
© de la imagen de la cubierta
1978, Michael Putland /
Getty Images.
© de esta edición 2019,
Sinónimo de Lucro, S.L.

Derechos exclusivos de edición:
Sinónimo de Lucro, S.L.

ISBN: 978-84-949383-9-9
DEPÓSITO LEGAL: 29602-2019

Compilación de ilustraciones:
Nikki Lloyd

En la cubierta: *The Clash in New
York in 1978*,de Michael Putland

De acuerdo con la *Copyright
Designs & Patents Act*
de 1988 Mick Jones,
Paul Simonon, Topper Headon
y los herederos de Joe
Strummer se declaran en
posesión de todos los derechos
relacionados con su
contribución a esta obra.

Corrección pictográfica
en el dorso de la cubierta
y de la contracubierta:
Jaume Morató Griera

Diseño de colección y cubierta:
pfp, disseny
Maquetación:
pfp, disseny
Impresión y encuadernación:
Egedsa

Primera edición:
enero de 2020

ÍNDICE

INTRODUCCIÓN

En 1976, al poco de empezar a escribir y componer canciones para The Clash, Joe Strummer y Mick Jones firmaban el tema «1977». La letra invita a un efímero viaje a través del tiempo, de 1977 a 1984, y aboga por un mundo sin Elvis, sin los Beatles ni los Rolling Stones. Antójase como una suerte de himno punk fundacional: iconoclasta, rápido, cargado de ira, pegadizo a más no poder y extrañamente profético. Como revela Mick Jones en algunas de las entrevistas realizadas para esta especie de autopsia coral, los Clash —es decir, su más célebre y celebrada formación: Strummer, Jones, Simonon y Headon— nacían como banda en 1977 y para 1984 ya se habían convertido en pasto de la historiografía roquera.

El principio del fin sobrevino con la expulsión de Topper en 1982. La salida de Mick, un año después, certificó la disolución definitiva del legendario cuarteto. Joe y Paul siguieron adelante con la intención de reclutar a tres nuevos miembros que reemplazaran a Topper y a Mick en 1984; con todo, Strummer no oculta en sus declaraciones que el ocaso de la banda se antojaba ya irreversible con la trágica pérdida de Topper.

Hasta la incorporación del baterista, los Clash se habían presentado fundamentalmente como trío, aunque en verano de 1976 dieron sus primeros conciertos con un quinteto que incluía a un tercer guitarrista, Keith Levene, y al baterista Terry Chimes. Este último figuraba en los créditos de su primer álbum como "Tory* Crimes", tanto por su afán por hacerse con un costoso coche deportivo, en clara y resuelta contraposición a los ideales punk que pregonaba el resto de la banda, como por el hecho de que, en el momento de su lanzamiento, el baterista había dejado al grupo en cuadro. Antes de que Topper se sumara al proyecto, los Clash fueron entrevistados y fotografiados como trío. No obstante, en cuanto el batería aceptó formar parte del grupo en abril de 1977, The Clash se convertiría definitivamente en un cuarteto.

La formación del explosivo cuarteto perduró tan solo cinco años, pero desde la incorporación de Topper, hasta su expulsión, se editaron ocho discos de larga duración y diecisiete singles (muchos de los cuales no fueron incluidos en los álbumes en el momento de su lanzamiento). Salieron de gira por todo el mundo de manera prácticamente ininterrumpida y rodaron su propio cortometraje, *Hell W10*, escrito y dirigido por Joe, y protagonizado por Mick y por Paul. Siempre accedían gustosamente a conceder entrevistas, permitían sin excepción que sus seguidores tuvieran acceso al *backstage* para conocerles y charlar, y jamás dejaron de cuestionar y denunciar cuanto se les antojaba putrefacto, decadente y altamente vomitivo, no solo sobre las miserias de la industria discográfica, sino también pronunciándose, y muy incisivamente, sobre cuestiones de naturaleza política; pronunciamientos todos ellos de signo inequívocamente criptoizquierdista que cristalizarían en un firme compromiso con la izquierda más militante del momento, tal como se des-

---

* Denominación común en el Reino Unido para los miembros del partido conservador británico. El apodo "Tory Crimes" vendría a significar «pijadas propias del facherío». (*N. del T.*)

prendía de sus propias canciones y como aireaban, sin tapujo alguno, en sus entrevistas. Los Clash era, sin ningún género de dudas, un grupo muy comprometido con sus ideales y alérgico a toda suerte de manierismos autoritarios y totalitaristas, sin embargo, como certeramente apuntara Topper, veinticinco años después, la relevancia de su alineamiento político se había desvanecido sin pena ni gloria, pero su música sí resistiría el paso del tiempo.

Cada uno de sus miembros aportó al grupo sus propias convicciones morales y estéticas, pero todos compartían por igual el deseo por formar parte de una banda cuyo irrenunciable objetivo fuera únicamente interpretar una música espléndida. Reinterpretando sabiamente las diversas influencias que conformaban el gusto de la banda, ya fueran jamaicanas, estadounidenses, inglesas o latinoamericanas, los Clash fueron siempre un grupo inconfundiblemente británico, mas no por ello renunciaron a la experimentación con los sonidos y las múltiples posibilidades que les brindaban otras tradiciones de música folklórica y popular de todo el mundo —del uno al otro confín—.

La imagen fue siempre objeto de gran consideración y cuidadosamente estudiada por la banda. Desde sus inicios, Paul asumió la dirección artística en materia de vestuario, el diseño y la tipografía, y forjó su original imagen valiéndose de la pintura, las mimeografías y sus característicos eslóganes. A medida que el grupo evolucionaba y su música se transformaba, así lo hacía también su aspecto. La presentación de cada nuevo disco en las giras fue acompañada, sin excepción, de un cambio en la escenografía y en la coreografía. *London Calling*, por ejemplo, reflejaba su interés y su afición por la ropa, la música y la tipografía de los años cincuenta. La posterior gira, bautizada *Sixteen Tons Tour* en honor al célebre sencillo compuesto por Tennessee Ernie Ford en 1955 y que sonaba justo antes de que la banda saliera a escena, presentaba a los músicos espléndidamente ataviados con camisas negras, blancas o rojas y tocados con trajes negros. Con frecuencia, el grupo cambiaba de aspecto y de sonido antes de que sus más fieles seguidores estuvieran siquiera «preparados» a tal efecto.

Al alcanzar la mayoría de edad con la primera oleada del punk británico, durante largo tiempo sufrieron en su propio país los prejuicios provincianos de sus coetáneos. Bien es cierto que la prensa musical británica no aplaudió que The Clash extendiera su radio de influencia por todo el mundo. En honor a la verdad, cabe señalar aquí que los Clash nunca ocultaron su deseo por conquistar adhesiones a lo largo y ancho de todo el orbe roquero. Tal vez sus pretensiones no siempre se materializaran a su antojo, pero no era su deseo actuar en los grandes estadios de Estados Unidos por el mero hecho de ser famosos; eran portadores de un mensaje que pretendían transmitir a tanta gente como pudieran. El hecho de que interpretaran «I'm so Bored with the USA» y «Career Opportunities» ante 70.000 aficionados en el Shea Stadium, y en especial en el US Festival, es una muestra inequívoca de cuanto aquí afírmase. Podrían haberse limitado a tocar de patilla "los grandes éxitos" y regodearse en las adulaciones para con el respetable, pero eso no iba con ellos y recurrieron, para tan noble causa, a canciones de su debut disocográfico más puramente punk; álbum que en Estados Unidos fue editado con leves modificaciones, toda vez que la disquera no creía que fuese a vender tal como había sido concebido y editado en origen.

Buena parte de las entrevistas que recoge este libro fueron realizadas a lo largo de cinco días, y cada miembro del grupo concedió entre diez y quince horas de su tiempo para rememorar la historia de cómo, por qué y cuándo hicieron los Clash lo que hicieron durante sus azarosos siete años de existencia. Parte de las entrevistas aquí consignadas fue utilizada en el documental ganador del Grammy *Westway to the World*, dirigido por el viejo amigo del grupo Don Letts. También se han llevado a cabo nuevas entrevistas para la confección de este libro, que presenta, por vez primera, la historia de los Clash contada por The Clash; en sus propias palabras. Ahí es nada.

Cabe señalar aquí que es algo que ya habían hecho con anterioridad, pero de manera mucho más sucinta, narrando someramente su historia en una nota de prensa que se repartió a los periodistas con motivo del lanzamiento de su segundo disco, *Give 'Em Enough Rope*; y que más tarde sería actualizada para el programa especial «The Armagideon Times» que se vendió durante la gira *London Calling* de 1980.

Lo que sigue es la visión de los inicios de la banda que consignaron Joe y Mick allá por 1979:

JOE: Si queréis información, aquí está cuanto tenemos que contaros. En mayo de 1976, un grupo sin batcrista empezaba a ensayar en una pequeña vivienda ocupada cerca de Shepherd's Bush Green, en Londres. Paul Simonon era el bajista y solo llevaba seis semanas tocando. Provenía de una zona recóndita de Brixton; sus padres se habían separado y vivió con su progenitor, hasta que recibió una beca para estudiar en una elegante escuela de arte. Entonces, un amigo le propuso unirse a su grupo. Aquel amigo era Mick Jones, el guitarra solista, también oriundo de Brixton. El padre de Mick era taxista, y el chico vivió con sus padres hasta que se divorciaron cuando él contaba ocho años. Su madre emigró a Estados Unidos y su padre se marchó de casa, así que Mick se fue a vivir con su abuela. Cuando se formó The Clash, se dejaba caer de vez en cuando por la Hammersmith Art School. Paul y Mick le pidieron a Joe Strummer que fuese su cantante. En aquel momento, Joe cantaba en un bar londinense con una banda que había creado para

15

pasar el rato y costearse el alquiler. Al recibir la propuesta, abandonó de inmediato su grupo y se unió a los Clash. El guitarrista Keith Levene también fue uno de los miembros fundadores, pero no tardó en dejar la banda, aduciendo en su descargo que tenía negocios urgentes que atender al norte de Londres.

En agosto de 1976, el grupo se puso a reformar un almacén abandonado en Camden Town. En cuanto terminaron, comenzó a sonar la música. Enrolaron al baterista Terry Chimes y el almacén empezó a tronar a diario con el estruendo de sus intensos ensayos. Por aquel entonces no había donde tocar. Por ejemplo, el Marquee Club, la supuesta meca del rocanrol, les espetó: "Lo siento, colegas. Nada de punk rock aquí". Así que era ardua tarea del representante, Bernie Rhodes, conseguir actuaciones. Un día, durante un concierto particularmente nefasto en el que llovieron botellas y latas, Terry Chimes se marchó después de ver cómo se aproximaba una botella de vino por los aires y se rompía en mil pedazos contra su charles. Una lástima. Un grupo sin batería no valía para nada, así que cada tarde se celebraban audiciones en el local de Camden Town. Lo intentaron 206 y fracasaron 205. Nicky —alias "Topper"— Headon superó con creces a todos los demás candidatos y se hizo con tan codiciado puesto. A la sazón, aunque el grupo no era consciente de ello, había causado ya un impacto notable en el mundo exterior y, ciertamente, entre las redes de cazatalentos de la industria discográfica.

Sirva, a modo de ejemplo, lo que sucedió a continuación con Columbia. CBS aflojó un buen montón de pasta y fichó al grupo. Los Clash lograron utilizar el estudio número tres de CBS en Londres y grabaron un LP en una serie de sesiones repartidas en tres fines de semana, utilizando a su ingeniero de sonido como productor. Más tarde actuaron como teloneros en la malhadada gira *Anarchy* de diciembre de 1976.

A principios de 1977, los Clash organizaron y encabezaron su propia gira llamada *White Riot*, y se llevaron consigo a The Buzzcocks, The Slits y Subway Sect. Nadie había presenciado nada parecido cuando el autobús del tour se alejó de Londres. Los periodistas de *The Sunday Times* relataron con sumo detalle cómo un roadie de nombre Roadent se hendía el brazo con latas de refrescos y colillas.

El éxito del primer LP asombró a propios y extraños cuando éste se encaramó al duodécimo puesto de las listas. Pero, por suerte, sus singles, con una carencia garantizada de radiodifusión, no consiguieron rebasar el número veintiocho de las listas.

Merced a ello, se mantuvieron debidamente alejados del entorno propio de bandas como los Bay City Rollers y, a fin de asegurarse de que así fuera, declinaron la invitación para aparecer en el programa televisivo de música *Top of the Pops*, al que tacharon de anticuado por su formato, y de ser poco menos que una reliquia de los años sesenta en el que se exigía a los artistas que hicieran *playback* mientras sus discos sonaban a bajo volumen en la distancia.

Con creciente intensidad, el dub y el reggae jamaicano se habían dejado sentir en Londres entre buena parte de la noctámbula muchedumbre que circulaba por los garitos más abiertos a las nuevas propuestas musicales del momento. Aquel verano «Police & Thieves» se convertiría en el éxito reggae de los clubes, pero no en la radio. Los Clash grabaron una versión punk rock de seis minutos y la incluyeron en su LP, aunque, a la sazón, buena parte de los músicos blancos creían que tratar de tocar aquella música denotaba cierta falta de respeto y traía causa de una actitud condescendiente. Pero, por fortuna, al escucharla supieron que había sido una buena idea. Lee Perry, o «Scratch the Upsetter», era el coautor y productor del tema original de Junior Murvin, y cuando escuchó la versión que habían estampado los Clash, colgó una fotografía suya en su "Muro de la Fama", en los estudios Black Ark de Jamaica. Los de los Clash eran los únicos rostros blancos retratados en aquella pared.

Scratch visitó Londres a mediados de 1977 y acabó produciendo una nueva canción de The Clash titulada «Complete Control». A mitad de la sesión, Upsetter le espetaría a Mick Jones que tocaba la guitarra "con puño de hierro". La canción también se encaramó hasta el puesto veintiocho de las listas, pero ni siquiera eso fue suficiente para poner freno a la gira, que los condujo a todos los pueblos y ciudades importantes en los que el grupo no estaba vetado (con el estadounidense Richard Hell y los franceses Lous completando el cartel). Cuando las aguas volvieron a su cauce, no quedaba más que una enorme ristra de facturas a nombre de los Clash. Desde ese momento, el grupo juzgó una necesidad económica tocar en salas sin asientos, ya que el coste de la reposición de las sillas dañadas rondaba las veinte libras la unidad. Asimismo, aquellos días fueron también testigos del apogeo coreográfico de la propulsión a discreción de los omnipresentes salivazos, y quisiera dar las gracias, en nombre de los Clash, a Richard Hell & The Voidoids por hacerse acreedores a algo más que a su justa ración.

Los Clash viajaron a lo largo y ancho de Europa. Durante más de un mes lidiaron incesantemente con policías y hoteleros de Múnich, con airados productores de televisión en Bremen, con amenazas de bomba y ataques en Suecia, con la cerveza y la escasez de cambio de los taberneros de Renania y con intimidaciones en Reeperbahn. Y cuando regresaron a casa, descubrieron que todo había cambiado. Muchos de sus grupos contemporáneos se habían escindido, sus quehaceres cotidianos se habían convertido en tema de interés para la prensa musical, algunos clubes habían cerrado y, en general, una gran depresión asolaba la ciudad.

Soportando no pocos ataques mordaces y harto desdeñosos de la prensa, los Clash aprendieron que había que estar a las duras y a las maduras y decidieron no disolverse.

Durante esta época, varios miembros del grupo fueron detenidos y multados continuamente por pequeños hurtos y actos de vandalismo, todo lo cual culminaría en un incidente que tuvo lugar encima del almacén del grupo en Camden Town. Unos policías armados llegados en helicóptero arrestaron a dos miembros de la banda, que fueron acusados de varios delitos con arma de fuego y de abatir a diversas palomas mensajeras de gran valor. Mientras el caso era remitido a un tribunal inferior, los Clash editaron el single «White Man in Hammersmith Palais» / «I Don't Wanna Be the Prisoner», y emprendieron la gira *Clash Out on Parole* con los neoyorquinos Suicide y los Specials, de Coventry.

Volviendo a la música, era el momento de grabar un segundo LP. A fin de evitar discusiones, se consensuó la contratación del productor Sandy Pearlman, encargo que éste aceptó gustosamente. El calendario se vio interrumpido por los infortunios habituales. Sin embargo, nadie abandonaba el barco con facilidad...

El nuevo álbum se grabó en Londres antes de comenzar la gira. El tour fue el mejor de todos, y en él, los Suicide tuvieron que lidiar con la violenta agresión del tosco público británico de los Clash. Después de la gira, se agregaron los solos de guitarra en el estudio Automat de San Francisco. La mezcla final se efectuó en Record Plant NYC.

Give 'Em Enough Rope fue completado y editado en noviembre de 1978, y saltó directamente al número dos de las listas británicas a la semana de su lanzamiento. También brindó a The Clash su primer gran éxito con «Tommy Gun».

El grupo se embarcó en otra gira británica, el *Sort It Out Tour*, durante la cual partió peras con su mánager, Bernie Rhodes.

Realizaron su primera gira norteamericana en febrero, *Pearl Harbour Tour*, y se llevaron como telonero al legendario Bo Diddley. Los Clash tocaron en Vancouver, Toronto, San Francisco, Los Ángeles, Boston, Cleveland y Nueva York, agotaron las entradas en todas partes y anonadaron a críticos y aficionados por igual.

Y dale con mis frías remembranzas... Esta puesta al día debería haber llegado hace mucho. ¡Es algo que debía hacerse!

Me falla la memoria. Pasan frente a mí imágenes fugaces, cosas que había que hacer, logros pasados, lugares visitados. Pueblan mi memoria todos esos recuerdos, fragmentados, atemporales en mis entrañas. Debo discernir los hechos de las brumas que me envuelven. Debo archivarlos cronológicamente (en la sesera y consignarlos de mi puño y letra), de modo que la historia tenga cierto sentido. Cómo se haga o las verdaderas circunstancias que alumbraron dicho empeño es mucho menos importante que quién sea el elegido para materializarlo. Sea como fuere, yo estuve allí y presencié hasta el último aliento de los Clash.

MICK: Joe Strummer arrancó con esto (aunque no estoy seguro de si fue él quien escribió los últimos tres párrafos que se le atribuyen) y, ahora, un año después, se me ha remitido el arranque a mí para que elabore y colabore (aunque con una breve contribución), en la tradición de las historias que se transmiten de mano en mano u oralmente, con revisiones y adiciones continuas realizadas *ad infinitum*. Muchos libros espléndidos se concibieron y crearon de esta manera; muchos son los eruditos de nuestros días que creen que la Biblia fue uno de esos casos.

Esto, toda proporción guardada, por supuesto, no es la Biblia y, creedme, en verdad os digo que no es intención establecer analogías de ningún tipo con el ladrillazo.

Es, sencillamente, otra historia. "Entonces, ¿qué es todo este asunto de la Biblia?", suelta con aire despectivo Topper Headon sin anunciarse —contundente batería de la banda, para más señas—. "¡Sufre delirios de grandeza con tanto licor!", espeta un segundo espíritu —la enjuta figura del bajista Paul Simonon manifiéstase entre bambalinas—, una presencia pícara harto insoslayable (¡No es que nadie pretendiera hacerlo!).

"Así que ahora la cosa va de religión, ¿no es así?", gritaba la masa *en masse*.

"La verdad es que no. ¡Trátase tan solo una idea extravagante, nada más! Al fin y al cabo, no sabemos qué escritos —ni, menos aún, qué autores— sobrevivirán a los próximos mil años." Allí estaba Strummer irrumpiendo en mi pesadilla despertina, siempre, a mi juicio, todo sea dicho, un hombre justo, como dije anteriormente, un tipo cabal, legal. A caballo, diríase, entre un tunante andante y el rey Salomón, con algo de T. E. Lawrence. Es un noble turcazo ese Joe "El León". ¡Basta! ¡Tunante! Atengámonos a la historia, a los hechos.

A su regreso a Inglaterra, después de su primera gira por Estados Unidos, los Clash ensayaron, compusieron nuevo material, trabajaron en una película, a la sazón sin título, y grabaron un EP llamado *The Cost of Living EP*, que fue editado el día de las elecciones. Todos sabemos qué sucedió ese día, y no sorprende, por ello, que un crítico exclamara que el disco sonaba a "paranoia izquierdista" y que "los Clash deberían relajarse y disfrutar del viaje como todos los demás". El grupo, que no profesaba ni exhibía hasta aquel momento simpatía alguna por ninguna formación política, no pasó por alto esa crítica, y puso todo su empeño en disfrutar de dicho "viaje" con más esmero que nunca.

The Cost of Living EP fue un éxito y alcanzó el número veintidós de las listas inglesas. Una canción del EP, la versión que hacían los Clash del clásico de Bobby Fuller

Four y Sonny Curtis «I Fought the Law», también fue editada como su primer single en Estados Unidos. Gozó de una radiodifusión considerable (hecho muy inusual para los Clash y, sin embargo, algo de suma importancia en Estados Unidos), y ello contribuyó a generar un mayor interés por la banda con vistas al siguiente tour.

Pero en casa, el "viaje" se estaba tornando más arduo y, con la amenaza omnipresente de la represión autoritaria y una inflación catastrófica que sembraba el descontento por doquier, no eran pocos quienes optaban por tomar la calle y enfrentarse a las decadentes autoridades para airear su indignación, haciendo suyo cuanto reza el estribillo de dicho sencillo. Tras las manifestaciones antifascistas convocadas en Southall, *Rock Against Racism* organizó un fondo para la resistencia en el barrio y se ofrecieron dos conciertos en el teatro Rainbow, en el que no había asientos. La primera noche aparecieron Pete Townshend, Misty (víctima de un brutal ataque de la brigada especial de antidisturbios de Southall) y The Pop Group. El segundo pase presentaba el retorno de The Clash a los escenarios londinenses. Aquella noche compartían cartel Aswad y The Members. Ambos conciertos registraron lleno absoluto y la multitud lo pasó bien sin que se produjeran incidentes. La recaudación se destinó al citado fondo de resistencia.

A este acontecimiento siguió lo que los Clash denominaban habitualmente, en su jerga tribal, las tres "R: rehearse, 'rite and record", o lo que es lo mismo, ensayar, componer y grabar. Siempre observando atentamente lo que ocurría a su alrededor, no pudieron evitar caer en la cuenta de que, pese a los efímeros recortes impositivos de los conservadores (diseñados específicamente para ayudar a los acaudalados, y no a los más necesitados), los Bee Gees no volvieron a frecuentar aquellas costas.

Los Clash fueron a pasar unos días a Finlandia y, cuando regresaron, se dispusieron a grabar su tercer LP. A modo de penitencia, el grupo llamó de nuevo a su primer productor, un tal Guy Stevens de Forest Hill (anteriormente ubicado en Swiss Cottage). Las señas de identidad de Guy, una figura más o menos legendaria de los alocados años sesenta, eran la energía, la emoción, una verdadera pasión por el rocanrol y su capacidad para trabajar con presteza. El grupo y el productor estaban hechos el uno para el otro. De hecho, fueron tan productivas esas sesiones que, al cabo de solo unos días, se hizo patente que el nuevo LP de The Clash sería un álbum doble. Esto comportaba un problema considerable, ya que tenían la mirada puesta en el clima económico del momento, pero dieron con una solución genial: ¡El disco se vendería a precio de álbum sencillo!

Después de un mes de grabación en Highbury, el grupo se aventuró una vez más por el nuevo mundo con el tour *The Clash Take the Fifth* [Los Clash se acogen a la quinta (enmienda)]. Haciendo oídos sordos a la crisis energética, la banda, junto con familiares, amigos y *roadies*, recorrió el país en autobús desde Monterrey a Mineápolis, pasando por Texas, Nueva York, Toronto y Hollywood, y vuelta a empezar. Casualmente, el grupo incorporó a un quinto miembro con la inclusión del organista Micky Gallagher, de Ian Dury and the Blockheads. Gallagher les acompañó en todas las fechas de Boston en adelante.

A lo largo del camino, el grupo tuvo la suerte de poder actuar con consagradas luminarias como Sam and Dave, Screamin' Jay Hawkins y Bo Diddley, así como con artistas y grupos más contemporáneos como Joe Ely, David Johansen, The Cramps y The Rebels. Decididos a dejar una huella indeleble, los Clash descubrieron que sus conciertos, en los que acostumbraban a agotarse las localidades, gozaban de buena acogida en Nueva York, Chicago y Los Ángeles, y las actuaciones en Texas fueron lo más destacado de la excursión. Tras seis semanas —que parecieron seis días—, la gira finalizó de forma un tanto abrupta

abrupta en Vancouver. Luego, cada uno de ellos regresó por su cuenta a Gran Bretaña.

El grupo regresó al islote para dar los últimos retoques a su nuevo disco, que llevaría por título *The New Testament*, hasta que alguien cayó en la cuenta de que ya se había utilizado antes y, de todos modos, los demás lo consideraban demasiado pretencioso. Por ello, el disco acabó denominándose como el primer tema que da título al álbum.

Es esta es una época decepcionante incluso para los más optimistas. Sin embargo, los Clash prosiguen tan optimistas como siempre.

¡Podéis pensar que es pura ingenuidad!

¡Podéis creer que es una soberana estupidez!

Pero como cuarto hombre de "El Combo Clash", puedo aseguraros que no vivimos pensando en el futuro, vivimos al día.

Ahora, en el presente, ya veremos qué diablos ocurre... [1979]

JOE STRUMMER
(21/08/1952—22/12/2002)

«Me apedillé Strummer*
porque solo puedo tocar
las seis cuerdas a la vez...
o ninguna.»

NACIMIENTO, ESCUELA...

Mi padre ocupaba un escalafón muy bajo en el funcionariado asignado al Ministerio de Asuntos Exteriores y no
obtuvo la ciudadanía británica hasta dos años antes de mi
nacimiento. Era oriundo de la India y mi abuelo trabajaba en los ferrocarriles, pero falleció cuando mi padre era
muy joven y por ello se crio en orfanatos del país. Mi abuelo era inglés, pero la abuela era india. Mi padre estudió
con ahínco en la escuela, obtuvo varias becas y se enroló
en el ejército indio durante la Segunda Guerra Mundial.
Cuando el conflicto tocó a su fin, vino a Londres, aprobó
las oposiciones a la Administración Pública, conoció a mi
madre, entró en el Ministerio de Asuntos Exteriores y fue
destinado a Ankara, motivo por el cual nací en Turquía.

Después de la estancia en Turquía nos trasladamos a
Ciudad de México un par de años y asistí a una guardería
en la que no se hablaba inglés, y por eso sé hablar un poco
de español, aunque solo en presente. Es una especie de
español rudimentario que jamás he sido capaz de mejorar. Después de México nos destinaron a Bonn, en lo que
era la Alemania Occidental, antes de que me enviaran a
un internado en Inglaterra.

---

* *To strum* significa rasgar. (*N. del T.*)

En aquella época, el internado era muy militarista. Había uniformes para los chicos y castigos por no llevar gorra, y por ese tipo de cosas era de lo peor. Me escapé con otro niño cuando tenía nueve años y recorrimos unos ocho kilómetros hasta que mandaron a un profesor a buscarnos y dio con nosotros. Recuerdo que me condujeron de vuelta al colegio y el subdirector salió y nos gritó como un energúmeno por no llevar las gorras. En aquel momento pensé: "Idiota, ¿de verdad piensas que íbamos a huir con las gorras puestas?". No me lo podía creer. La escuela solo te permitía ir a casa una vez cada doce meses, aunque un año antes de terminar mis estudios ya autorizaba dos visitas. En ocasiones me daba la sensación de que allí había una competencia brutal.

Mi hermano mayor también asistió a aquella escuela e iba un curso por delante. A mí me resultaba un tanto extraño, porque era un poco tímido, mi antítesis. Yo era un liante bocazas, siempre metido en problemas. El chiste que circulaba por el colegio es que mi hermano no había articulado palabra en todo el trimestre, lo cual se ajustaba bastante a la realidad.

Allí había mucho acoso, y yo era uno de los principales matones. Era cuestión de intimidar o ser intimidado, y no había protección de nadie ni de nada. Te azotaban por cualquier razón, como comerte una galleta sin permiso. Aducían que era por un problema con los ratones y las ratas en la escuela, así que no se permitía a nadie tener comida. No había nadie que te protegiera, y pronto me di cuenta de que o te convertías en alguien poderoso o te aplastaban, así que formé una banda. No fue demasiado agradable, pero era una cuestión de supervivencia.

Sin embargo, fui realmente feliz en aquel colegio, porque era un cabecilla. Podía controlar los acontecimientos. Era un mocoso fanfarrón y sabía esconderme cuando repartían tareas o cuando buscaban a alguien a quien apalear. Sí, fui extremadamente feliz en la escuela porque gobernaba mi propio mundo.

Yo diría que asistir a un colegio como aquél, en un lugar como aquél (la City of London Freemen's School, en Ashtead, Surrey), era como ser independiente. No esperabas que nadie hiciera nada por ti, y aquello también fue un elemento importante del punk, ya que nadie iba a ayudarte.

Debido a mi educación, sentía que la autoridad era algo que había que evitar siempre que fuera posible. Si podías entrar, atacarla e irte de rositas, mi respuesta era adelante, hazlo. Cuestionar a la autoridad ocupaba un puesto de honor entre mis prioridades. Desde una edad bien temprana advertí que la autoridad era un sistema de control que no entrañaba ninguna sabiduría inherente... y, por lo tanto, era algo improcedente. Había que eludirla.

La relación con mi padre era terrible, porque yo era un estudiante nefasto, siempre el último de la clase. Empezó a aterrorizarme su compañía, ya que él había salido adelante sin ayuda de nadie, gracias a su inteligencia. ¿Te imaginas ser huérfano en la India de los años veinte? Salió de la miseria hincando los codos y obteniendo becas para asistir a la universidad, y concedía gran valor a los estudios. En cierto sentido era más inglés que los ingleses, y me horrorizaba estar frente a él —aunque fuese solo una vez al año—, porque mis calificaciones eran terribles, las· peores que te puedas imaginar... ¡e incluso más! Se ponía furioso cuando las veía. Si me hubiesen brindado la posibilidad, no habría ido a casa por vacaciones, y a menudo pensaba en poner pies en polvorosa cuando llegaba la hora de marcharse.

Con frecuencia pienso en mis padres y en cómo debí de sentirme cuando me enviaron a la escuela a los nueve años y cómo debía de ser verlos solo una vez al año. Resultaba bastante extraño. Sin embargo, cuando eres niño, te limitas a lidiar con ello. Realmente cambió mi vida, porque me di cuenta de que debía olvidar a mis padres para mantenerme a flote. Cuando eres niño vas directo al epicentro de la cuestión, no dejas las cosas para más adelante. Careces de los mecanismos necesarios para encajar la pérdida. Olvidé a mis padres y me dije a mí mismo: «Afróntalo». Ahora me siento mal, porque no fui un buen hijo para ellos cuando finalmente se trasladaron de nuevo a Inglaterra, y apenas los visitaba. Tengo remordimientos por ello.

CLASES DE MÚSICA

Mis padres no eran en absoluto aficionados a la música, y creo que si atesoro alguna herencia de esa índole proviene del lado de mi madre. Ella nació en una granja situada ochenta kilómetros al sur de John O'Groats, en un pueblo llamado Bonar Bridge. Me aventuraría a afirmar que heredé cierto sentido musical de su familia, de gran arraigo en las tierras altas y muy alocada.

Mis padres tenían discos de can-can del Folies Bergère y poca cosa más, con la posible salvedad de algunas canciones de musicales como Oklahoma, lo que cabría esperar a finales de los años cincuenta. Recuerdo que escuchaba fundamentalmente temas infantiles famosos como «Ten Green Bottles» en la BBC, pero también todas las canciones del Top 10 que ponían en *The Light Programme*, cosas como «Sixteen Tons», de Tennessee Ernie Ford.

El primer disco que compré fue «I Wanna Hold Your Hand», de los Beatles, y luego los primeros sencillos de los Stones. Sin embargo, recuerdo cuando me llegó la música de verdad, y fue mientras me encontraba en el internado, a los once años. Allí tenías que ser duro. Podía ser un lugar opresivo, y si no te enzarzabas en peleas, la gente te mataba. Recuerdo que escuché «Not Fade Away» tronando a todo volumen en una enorme radio de madera que había en la sala de estar —siempre la tenían muy alta—, y entré allí justo cuando comenzaba (Joe tararea los primeros compases) y pensé: "¡Esto es otra cosa! Esto es la antítesis de todo lo que estoy teniendo que padecer aquí dentro". Y me invadió la sensación de que había encontrado un resquicio entre las nubes, una iluminación. Fue en ese momento cuando me enamoré de la música. Más tarde descubrí que era Gene Pitney quien tocaba las maracas en aquel disco, quien le daba swing.

En aquel momento tomé la inconfesable decisión de seguir unido a la música para siempre, de que la música sería mi modo de vida. Todos en aquella escuela necesitaban algo similar. Era un lugar en el que la gente se ahorcaba.

Entonces no había publicaciones musicales. *NME* (New Musical Express) y *Melody Maker* eran revistas de jazz que no leían los adolescentes, así que nos interesamos por la música gracias a un programa de televisión titulado *Thank Your Lucky Stars*, que echaban en la tele los sábados a las 18.30 y era presentado por Brian Matthew o Peter Murray. Fue allí donde vi por primera vez a los Stones, en lo más bajo del cartel, tocando la canción de Chuck Berry «Come On». Alucinamos al verlos. Todo el colegio se había congregado en la sala de estar para ver la televisión y no necesitamos a nadie que nos dijera que aquello era algo nuevo. Ocurrió algo similar con los Beatles. De hecho, sin la música, sin la explosión musical que había tenido lugar en Londres con Beatles, Stones, Kinks y Yardbirds, no concibo cómo podríamos haber sobrevivido en aquella institución. No se me alcanza cómo lo habría soportado si hubiese estado allí diez años antes. Escuchar aquellos discos fantásticos me ayudaba a sobrellevar cada fin de semana.

A los más pequeños no se nos permitía salir del colegio, por supuesto, pero los mayores traían discos nuevos y los ponían cada sábado por la noche en el salón principal. Los escuchábamos con una vieja radiogramola. Había altavoces repartidos por todo el salón y bailábamos. Sonaba estupendamente bien, tal vez porque las paredes de la sala eran de madera.

En la escuela no tardamos en tener un grupo, que se llamaba The Burger Masters. Era una especie de sucedáneo de los Shadows, con guitarras con trémolo y todo eso. Dado que el grupo estaba integrado por internos como yo —naturalmente, los alumnos externos no estaban presentes en los bailes del sábado—, pude ver cómo funcionaba una banda con mis propios compañeros. Recuerdo al niño que tuvo la primera guitarra eléctrica de la escuela gimoteando porque un chico mayor se la había afanado para tocar en el centro social del colegio. El baterista ensayaba martilleando con sus escobillas unos periódicos extendidos sobre el pupitre. Pero jamás se me ocurrió unirme a ellos, porque me tenia por completamente inútil.

No formé parte de coro alguno y no aprendí a tocar ningún instrumento, absolutamente ninguno. No podía ser más ajeno a la música, salvo por el hecho de que era un fervoroso oyente. Hasta que abandoné la escuela no empecé a pensar que podía tocar. Sin embargo, me parecía un mundo mágico del que solo podían formar parte seres mágicos, y tuve un gran problema para superarlo. Así que cuando logré sacar algunos acordes, estaba la mar de contento. Tan solo aspiraba a tocar acordes.

Jimi Hendrix decía que si no podías tocar la guitarra rítmica, tampoco podías tocar la solista, y creo que estaba en lo cierto. Nunca llegué a tocar la guitarra solista, pero, aun así, dominar la rítmica es todo un arte.

1968

En 1968 hice el examen de bachiller y el mundo entero había explotado. Recuérdese París, Vietnam, Grosvenor Square y la contracultura, y parecía algo normal, pues carecíamos de ningún otro marco de referencia. Creíamos que 1968 era la norma y aquel fue el año en que alcancé la mayoría de edad. Era como cabalgar sobre un misil, pero no caí en la cuenta de lo afortunado que era hasta más tarde. Aunque a mi llegada a Londres el movimiento hippy había terminado, por desgracia, y nunca llegué a ver a los Stones en Hyde Park, ni a los Kinks ni a los Yardbirds, Dios sabe que fue un año fabuloso para ser mayor de edad, un momento fantástico.

«Street Fighting Man» era un tema genial, aunque dudo que comprendiéramos de qué trataba. Lo aceptamos como algo normal, como todas las demás canciones de los Rolling Stones. Parecía que todo el mundo corría por las calles delante de la policía y se sublevaba. Pero yo me hallaba atrapado en una burbuja a unos cincuenta kilómetros de Londres, observando y pensando: "Quiero formar parte de esto".

LA ESCUELA DE ARTE

En aquellos días, si te encontrabas en la misma posición que yo, solo había una respuesta al interrogante de qué pensabas hacer al terminar el colegio, y era la escuela de arte, el último recurso para quienes fingían estar enfermos, para los fanfarrones y para la gente que básicamente no quería trabajar. Solicité plaza en la Central School of Arts de Londres y me quedé pasmado, ciertamente asombrado en mi primer día. Al personarme allí me di cuenta de que todos los profesores eran viejos verdes: habían elegido a veintinueve chicas y diez tíos para cubrir el cupo. Obviamente, habían escogido a las veintinueve aspirantes más atractivas y luego se pasaron el año siguiente intentando ligárselas. Y en eso consistió la escuela de arte.

Pronto me distancié de aquello, porque me di cuenta de que no nos enseñaban nada, salvo cómo esbozar garabatos con veleidades artísticas en una hoja. No nos enseñaban a dibujar objetos. Nos enseñaban a crear un dibujo que transmitiera la sensación de que sabíamos dibujar un objeto. Era una auténtica porquería.

Luego conocimos el ácido (LSD), empezamos a consumirlo y el curso se volvió incluso más transparente. Creo que no duré ni seis meses allí. Intenté acceder a otras escuelas de arte, pero me mandaron a paseo, porque lógicamente mi trabajo era un espanto; se reducía a chorretones de pintura en un infame sinsentido de espaguetis.

Recuerdo que me colé en un tren que hacía el trayecto de Norwich a Londres. Me pillaron y me echaron. Llevaba una gran carpeta de cartón bajo el brazo y la arrojé a un contenedor, porque me di cuenta de que aquel arte no conducía a ningún sitio. Tuve que hacer autoestop para volver a Londres. De ningún modo pensaba llevarme todas aquellas estupideces conmigo, así que me deshice de ellas. Y aquí se finiquitó mi relación con la escuela de arte. Por tanto, todo se reducía a ganarme la vida trabajando o a dedicarme a la música.

UN MUNDO NUEVO

El primer instrumento que toqué en mi vida y que todavía conservo fue un bajo de madera parecido a un Steinberg hecho por Pablo Labritain, el baterista de 999. ¿Conocéis esas guitarras sin clavijero? Vi cómo lo fabricaba y luego aprendía a tocarlo. Aquélla fue la primera vez que pensé: "Vaya, realmente está tocando blues".

Cuando abandoné la escuela me compré un ukelele, porque pensé que debía de ser más sencillo que una guitarra al tener solo cuatro cuerdas. Y así fue como empecé a tocar, siguiendo a un músico llamado Tymon Dogg por el metro de Londres y recolectando dinero para él como un aprendiz de blues de Misisipí. Recorrimos Europa tocando en estaciones y en la vía pública, vagabundeando por Bélgica y Francia. Pero frecuentábamos sobre todo el metro londinense.

A la postre aprendí a tocar canciones de Chuck Berry con el ukelele y empecé a salir solo. Un día me encontraba en el metro tocando «Sweet Little Sixteen» cuando un estadounidense pasó por allí y se detuvo frente a mí. "No me lo creo, ¡no me lo puedo creer!", exclamó, y empezó a darse manotazos en la frente, tambaleándose como si fuera a desmayarse, así que dejé de tocar. "¿Estás tocando Chuck Berry con un ukelele?", preguntó. Yo no lo consideraba extraño en absoluto, y no empecé a pensarlo hasta que él me hizo notar lo ridículo que resultaba. Así que me compré una guitarra y aprendí a tocarla con Tymon, que más o menos me toleraba en calidad de seguidor.

Me di a conocer como Woody, porque después de holgazanear por Europa con Tymon y dormir entre los setos, de ser perseguido por todo París por los gendarmes y de toda aquella insensatez, lo idealicé, como si fuéramos vagabundos del Delta, y se convirtió en una de mis predilecciones. Decidí ponerme el nombre de Woody Guthrie. Conocía la degradación de los sindicatos y la humanidad de su música. Aquello era inspirador. El apodo encerraba el mensaje de que algún día esperaba ser tan bueno como él. Pero dudo que todos los que me llamaban Woody hubiesen oído hablar en su vida de Woody Guthrie. Sencillamente les parecía un nombre genial.

Acabé en Gales después de mi aprendizaje con Tymon, ya que no parecía haber forma de ganarse la vida en Londres ni tan siquiera de sobrevivir. Esto fue antes de que descubriera las casas de okupas. Seguí a una chica hasta la Cardiff Art School, pero me dijo que no quería saber nada de mí, así que inicié mi trayecto en autoestop de regreso a Londres. El primer lugar en el que aterricé fue Newport, donde me encontré con alguna gente a la que había conocido en la Central School of Art londinense, y me quedé con ellos una temporada. Conseguí empleo de sepulturero, y después entré en la Newport Art School. Me uní al grupo de rock de la escuela y allí aprendí el oficio. Nos llamábamos The Vultures. No éramos tan buenos como la banda del año anterior (1971), que se hacía llamar The Rip-Off Park Allstars y tocaban revival rocanrolero al estilo de los Sha-Na-Na. Los Vultures eran un grupo de R&B y estaban más en mi onda.

Dimos algunos conciertos, pero para un público que no tenía más remedio que escuchar, ya que eran los chicos de la Newport Art School. Sin embargo, en una ocasión llegamos a actuar en Bristol, donde nos acribillaron con vasos de cerveza. Yo había dibujado un gran cómic contando lo brillante que era el grupo y embaucado a un pobre promotor de Bristol a fin de que nos contratara en un gran club de blues. Pero éramos una porquería: eran más de las once de la noche y al público no le gustaba.

También tocamos en recónditos lugares de los valles de Gales, donde las cosas fueron todavía peor. Después de un concierto, el presentador dijo: "Y la semana que viene tendremos un poco de música decente para variar". Durante los interludios, algunos bromistas nos desafinaban los instrumentos mientras nos fumábamos un cigarrillo en el callejón, y al regresar, enchufábamos las guitarras, gritábamos "un, dos, tres, cuatro" y todos los asistentes se meaban de la risa. Cuando habían tomado suficiente cerveza, nos lanzaban los vasos por la cabeza hasta que nos íbamos. Allí aprendimos lo que era la vida real.

Nos dimos cuenta de que necesitábamos cierta actitud para empezar en aquellos lugares, por no hablar de embolsarnos algo de dinero y salir con vida de allí. En Merthyr Tydfil no tuvieron piedad, eso os lo puedo asegurar.

Pero durante mi etapa en Newport hubo un par de cosas que me inspiraron y me llevaron de vuelta a Londres en 1974. Una de ellas fue Mickey Foote, que también asistía a la escuela de arte y era una de las personas a las que llegué a conocer. La otra fue descubrir el reggae.

Un día en Newport, se me acercó un tipo que era el vivo retrato de Jim Morrison. Era un alumno que acostumbraba a salir por Corporation Street con negros y fumar marihuana. "Eh, hay una cosa que se llama dub que tal vez te mole, ven conmigo", me dijo. Así que fuimos a un local llamado Silver Sands, y fue la primera vez que escuché un reggae distinto al de los Pioneers. También era la primera vez que presenciaba algo de naturaleza rebelde, aquella escena del *roots rock*, y me di cuenta de que debía volver a Londres, porque si en la escena negra de Newport estaba ocurriendo aquello, tenía que regresar como fuera a la capital. Los Vultures se habían estrellado finalmente y había que embarcarse en algo nuevo...

MICK JONES
(26/06/1955)

"Decidí que iría a la escuela
de arte para conocer a otros
músicos y hacerme con una
beca para comprarme un
equipo."

NACIMIENTO, ESCUELA...

Nací en Clapham, en el South London Hospital for Women, y me crié en Brixton. Mis padres se separaron cuando rondaba los ocho años, y mi abuela se encargó de mi educación. Viví con ella en Brixton y más tarde también con su hermana y su hermanastra al oeste de Londres.

Creo que, en cierta medida, cuando era niño la música se convirtió en una válvula de escape para mí. Antes de divorciarse, mis padres se peleaban mucho y mi abuela me llevaba al refugio antiaéreo, situado en el sótano del piso en el que vivíamos. Solían reñir con bastante vehemencia y eso me asustaba. Así que la abuela aguardaba hasta que hubiera amainado el temporal para volver a casa.

Debido a la separación de mis padres, pasaba largos ratos solo y hacía muchas cosas sin compañía alguna. Ocupaba el tiempo en actividades que me interesaban, como coleccionar objetos y reflexionar. Supongo que realmente habitaba mi propio mundo. Es como si estuviera llenando un vacío, aunque yo no era consciente de ello. Imagino que así es como llegué a ser quien soy. Sin duda se trataba de una especie de instinto de autopreservación innato. Para sobrevivir, me creé mi propio mundo.

Cuando mis padres se separaron, mi padre se quedó en nuestra misma calle, más arriba, así que le veía de vez en cuando, pero mi madre se marchó a Estados Unidos. Mi abuela se convirtió, a todos los efectos, en mi madre.

Mi madre había sido una persona algo insensata. Se enamoró de un soldado estadounidense que había combatido en la Segunda Guerra Mundial. Se la llevó con él a Estados Unidos en un barco —ella viajaba de polizón— y llegó hasta Texas, momento en que las autoridades la descubrieron y llamaron a mis abuelos. Mi abuelo tuvo que ir allí y traerla de vuelta.

Pero le encantaba Estados Unidos; se casó con un soldado estadounidense y se marchó a vivir a Michigan tras la separación. Más tarde, el matrimonio se rompió y conoció a otro tipo, se casó con él y vivió feliz en Ironwood.

De pequeño, mi madre me visitaba de cuando en cuando, lo cual me ponía histérico, porque sabía que volvería a marcharse.

Mi abuela (la madre de mi madre) y yo figuramos en la lista de viviendas de protección oficial durante años, y de vez en cuando íbamos a ver pisos, pero nunca se materializaba nada. Yo vivía con tres ancianas, lo cual resultaba bastante extraño. Además, eran muy judías. Recuerdo que en una ocasión me compré una camiseta de Snoopy y el Barón Rojo y enloquecieron porque en ella aparecía una cruz de hierro, así que me la confiscaron.

La hermana de mi abuela era la cabeza de familia, que era bastante numerosa. Por parte de mi abuela había siete hermanas y dos hermanos, y sus padres habían huido de Rusia. Mi madre era el primer miembro de la familia que había nacido en Inglaterra y el primero que se casó al margen de la fe. Yo no celebré el *bar mitzvah*, aunque mi abuela era religiosa. Cuidaba de mí y me rescataba de las peleas cuando era muy joven, y me protegió incondicionalmente tanto como pudo.

Londres era un lugar muy distinto cuando yo era pequeño. Solíamos jugar en un refugio antibombas que había doblando la esquina desde mi casa de Brixton. Ahora es una plaza ajardinada, pero por aquel entonces era un refugio con una persiana de metal corrugado que había sido arrancada para que pudiéramos acceder al interior. Se respiraba el olor de la guerra y de la oscuridad que reinaba allí dentro. Solíamos jugar a "defender el fuerte" en la colina en la que se encontraba el refugio, librábamos falsas batallas contra otros niños y protegíamos el terreno elevado. En invierno nos deslizábamos por la colina. En aquel tiempo había refugios antiaéreos por todas partes.

Los sábados por la mañana iba a ver películas de acción a un cine de mala muerte, el Classic de Brixton, ahora llamado Ritzy. Recuerdo que en aquellas sesiones dobles aparecían mucho Gengis Jan y los tártaros.

A veces compraba un pasaje de "trotamundos" para los autobuses rojos de dos plantas y me paseaba por Londres en el piso de arriba. A comienzos de los años sesenta iba a St Paul's, al West End y a Carnaby Street los fines de semana y robaba cosas, cometía pequeños hurtos. Fue una época bastante emocionante. Parecía haber música por todas partes, saliendo de las tiendas y en la radio. Era como si tuviésemos una banda sonora de nuestras vidas.

Los primeros discos de verdad que compré con mi propio dinero fueron *Smash Hits*, de Jimi Hendrix, y *Disraeli Gears*, de Cream. Me costaron 33 chelines, si no recuerdo mal. Solía escucharlos una y otra vez, sobre todo a Hendrix. Solo disponía del altavoz de un radiogramófono y me sentaba frente a él. Supe desde muy temprana edad que quería dedicarme a la música. Eso era lo único que quería hacer.

Mi rendimiento escolar sin duda se resintió cuando descubrí la música. Cuando eres joven no existen demasiadas válvulas de escape. Está el fútbol, por supuesto, y durante algún tiempo me interesó. Solía coleccionar autógrafos de futbolistas. Conocía todos los hoteles en los que se hospedaban y rellenaba unos libros titulados *Topical Times*

Football Books, que contenían fotografías de los jugadores acompañadas de sus rúbricas. En aquel libro tenía a todo el equipo inglés ganador de la Copa del Mundo de 1966 y ello me complacía sobremanera. Pero en un momento dado tuve que tomar una decisión: o fútbol o música.

Siempre recordaré cuando entré en la oficina de asesoramiento universitario de la escuela y anuncié: "Yo quiero estar en un grupo", y ellos respondieron: "Pues no puede ser. Si eres demasiado inútil vas al ejército o al sector servicios. Y luego está el funcionariado". No había oportunidades reales; el menú no ofrecía una opción vegetariana.

CLASES DE MÚSICA

En la escuela había un grupo musical y yo estaba un curso por debajo. Podía decirse que yo era el pequeño, pero siempre sentí curiosidad por la música y empecé trabajando de *roadie* para ellos. Me contentaba con cargar su equipo. Luego me fui formando para tocar la guitarra, aunque también hice mis pinitos con la batería. Y el bajo. La guitarra llegó después.

Quería tocar la guitarra porque siempre imaginé que era el mejor puesto. Nadie molaba más que el guitarrista. Dando por sentado que se pudiera conservar la afinación, podías divagar.

Nunca fui a clase. Mi amigo Robin Banks me afinaba la guitarra cuando yo todavía no sabía hacerlo. A punto estuve de devolver mi primer instrumento a la tienda donde lo adquirí porque no estaba afinado. ¡Creí que tenía algún problema!

Aprendí practicando con los discos y pasé un año en mi dormitorio tocando al son de la música, memorizando los solos y hasta el último detalle de las grabaciones de los Stones.

Desde luego, la música es lo más importante para mí desde que tenía unos doce años. En aquella época ya iba a conciertos.

Por aquel entonces se celebraban conciertos durante toda la noche en Parliament Hill, al norte de Londres, y actuaban grupos como Yes, que estaban de moda en 1969, y Soft Machine. El primer concierto al que asistí fue un bolo gratuito celebrado en Hyde Park, que incluía a The Nice, Blossom Toes, The Pretty Things y The Action. En aquellos días solían organizar actuaciones gratuitas en el parque, no como hoy, que te cobran un riñón y parte del otro por cualquier basura anticuada. Aquel concierto lo montó Blackhill Enterprises, que durante algún tiempo acabarían siendo nuestros representantes [ya con The Clash].

Mi madre solía enviarme las revistas *Creem* y *Rock Scene* desde Estados Unidos. Fueron una revelación para mí, porque hablaban de grupos que nadie más conocía. *Rock Scene*, por ejemplo, siempre publicaba algo sobre los New York Dolls.

Éstos me causaron una profunda impresión. Eran increíbles y me alucinaba su aspecto. Por su actitud daba la sensación de que nada les importaba. No es que sonaran muy bien, pero eso daba igual. Todo aquello trascendía a la música.

Y en la revista *Creem* escribía Lester Bangs, que dedicaba artículos a bandas como los Stooges, Embassy Five y los Dolls, grupos cuyos discos solo podías conseguir en una tienda de Praed Street regentada por un francés. También vendía álbumes de Flamin' Grooves mucho antes de que naciera el punk.

Seguí a Rod Stewart y los Faces por todo el país cuando tenía unos dieciséis años. Solíamos colarnos en los trenes hacia Newcastle y otros lugares e intentábamos saltar en marcha justo cuando entrábamos en la estación. Luego trepábamos por las vallas y salíamos por piernas hacia la sala de conciertos. También intentábamos colarnos allí, a menudo escondiéndonos en los servicios antes del concierto. A veces nos sacaban por la fuerza los gorilas, pero intentábamos entrar de nuevo y formaba parte de la diversión.

También solía seguir a Mott the Hoople a todas partes. Éramos un grupo de la escuela y acudíamos a la mayoría de sus actuaciones en Londres y el extrarradio, aunque en ocasiones llegábamos más lejos. Una vez fui a verlos a Liverpool. Un miembro de nuestra pandilla siempre se encaramaba al escenario durante el bis para que la banda nos conociera, y a veces nos dejaban entrar gratis. De hecho, también hablaban con nosotros, lo cual no era frecuente en otros grupos de la época.

ESCUELA DE ARTE

Una vez que dejé el colegio, pasé un año dedicándome a ganarme el sustento con pequeños trabajos, como un puesto en la oficina de colocación, pero decidí que iría a la escuela de arte para conocer a otros músicos y pillar una beca para comprarme un equipo. Y así es como yo pensaba que entrabas en un grupo, matriculándote en la escuela de arte. En el Hammersmith Art College parecía Johnny Thunders. Llevaba el pelo muy largo y solía tambalearme por allí con zapatos de plataforma y unos pantalones extremadamente ajustados que habían sido encogidos a conciencia. Pero era mitad universidad de arte y mitad escuela de construcción, así que los tipos que asistían para poner ladrillos y pintar tenían que hacer cola en la cantina junto a nosotros. Fui muy criticado por mi aspecto, que para la época era bastante delirante, ya que entonces no había demasiada gente a la que les gustaran los New York Dolls, MC5 o los Stooges.

Solo algunos conocían las cosas interesantes del momento, y a mí me daba igual que todo el mundo se riera de mí. Aquel primer día hice una entrada por todo lo alto y, a partir de entonces, tuve bronca cada vez que iba a la universidad. No me importaba. Supongo que fue así como me vio Viv (Albertine, más tarde miembro del grupo de punk The Slits). Viv compartía una casa ocupada en Davis Road, que se encontraba muy próxima al Hammersmith Art College, con un tal Alan Drake. Yo iba mucho por allí porque me venía de paso. En aquella casa conocí a Keith Levene, que era amigo de Alan y tocaba un poco la guitarra.

En la facultad también pude conocer a Tony James [más adelante en Generation X, Sigue Sigue Sputnik y Carbon Silicon]. Conectamos de inmediato y nos hicimos grandes amigos. Pasamos juntos gran parte de nuestros años de estudiantes y solíamos ir a todas partes en su coche, que era uno de aquellos Fíat sumamente pequeños.

UN MUNDO NUEVO

Una vez hube abandonado la escuela de arte encontré empleo en una oficina de la Seguridad Social. Yo trabajaba en la primera planta de un moderno edificio situado frente a la estación de Euston y había unos bancos anticuados a lo largo de la pared para que se sentara la gente. Una vez vi a un tipo que llevaba allí todo el día y lo mandaban continuamente de un lado para otro. Solían contratar a la gente más antipática para los mostradores a fin de echar con cajas destempladas a cualquiera que presentase reclamaciones falaces. El caso es que, después de cuatro horas esperando, aquel hombre, por pura frustración, agarró uno de aquellos bancos enormes y lo arrojó por la ventana a Praed Street.

Mi labor consistía en abrir paquetes en el cuarto trasero de la oficina durante una época en la que el IRA estaba muy activo en Londres. Llevaba a cabo una campaña de cartas bomba, así que no era precisamente el trabajo de mis sueños. De ahí aquella frase de «Career Opportunities».

Había un pequeño bar en Praed Street en el que solía quedar con Tony James. Montamos un grupo y logramos meter en la gramola del bar los discos que queríamos y probábamos a la gente allí mismo.

Conocí a Bernie Rhodes en 1975, en un lugar al oeste de Kensington llamado The Nashville Rooms. Llevaba gorra y tenía aspecto de roquero, al estilo de Gene Vincent, así que me acerqué a él y le dije: "¿Tocas el piano?", y él respondió: "No, pero llevas una de mis camisetas". En aquel momento yo lucía una camiseta cuya inscripción rezaba «You're Gonna Wake Up», que había comprado en la tienda *Let it Rock*, en King's Road, Chelsea (propiedad de Malcom McLaren y Vivienne Westwood; más tarde se convertiría en *Sex*, y luego pasaría a ser *Seditionaries*). Bernie era un tío interesante. Entablamos conversación y poco después empezó a trabajar conmigo y con Tony en un grupo. Nos habló de los Sex Pistols, que estaban en fase de formación.

Conocí a Chrissie Hynde a través de Bernie y durante un tiempo estuvimos a punto de montar un grupo juntos. Subíamos a la habitación de mi abuela y tocábamos canciones a dúo. Ahí nació «Every Little Bit Hurts». El grupo no llegó a materializarse nunca. Eso sí, Hynde me cortó el pelo.

PAUL SIMONON
(15/12/1955)

«Yo quería ser Pete Townshend,
el tipo que agita los brazos y salta
de un lado a otro.»

BRIXTON, 1962: REFUGIOS ANTIAÉREOS Y SKA...

Los barrios bajos de Brixton eran un lugar fantástico para un niño. Rebosaban actividad y la amalgama multicultural de los lugareños procuraba a la escena una atmósfera única. Los conductores de autobús solían gritar "Naciones Unidas" cada vez que detenían el vehículo frente al ayuntamiento de Lambeth. La zona contaba con una numerosa comunidad de las Antillas que iba en aumento y, para un niño inglés de siete años, era un lugar enloquecedor en el que criarse.

Mi hermano pequeño Nick y yo asistíamos a la escuela Effra Junior and Infants, situada justo delante de Railton Road. Vivíamos en Shakespeare Road, al otro lado de las vías del tren que conducían a Clapham Junction en aquellos días. El trayecto al colegio era de solo cinco minutos a pie. Llegado el fin de semana, solía visitar a mis amigos de la escuela y jugábamos en Somerleyton Road, que estaba salpicada de refugios antiaéreos que ofrecían zonas de recreo ideales, como también ocurría con las vías del tren.

La gente que poblaba esta calle era mayoritariamente caribeña, aunque había algunas familias irlandesas y polacas y un alemán que, según creo, había sido recluido en Gran Bretaña durante la guerra.

Visitar un hogar antillano por primera vez fue bastante revelador para mí. Marcus me invitó a la casa en la que vivía con su madre. Después de subir al segundo piso de aquella desmoronada casa victoriana escuchando el crujir de la escalinata, entré en una pequeña sala animada por unas luces de colores y un flamenco de plástico rosa embutido en un rincón. Reinaba cierta sensación navideña cada vez que iba allí. Marcus me presentó a su madre, y tardé algún tiempo en entender lo que me decía. Era una mujer muy ocupada, así que nos sentábamos en el sofá mientras ella destapaba una olla gigantesca y nos servía la comida. La música del tocadiscos retumbaba mientras hacíamos equilibrios con un plato de pollo, arroz y guisantes que apoyábamos en el regazo. Qué bueno estaba. Mi madre nunca me preparó algo así. La música que sonaba en casa de Marcus era la misma que alguna vez había oído retumbar desde los pisos y los sótanos de la zona. En aquel momento ignoraba que su nombre era *ska*.

BRIXTON, 1962: ALGUNOS RECUERDOS MÁS

Una noche, a primera hora, un coche de policía y una ambulancia se detuvieron en la acera de enfrente junto a una casa en cuyo piso superior se habían desatado una discusión y una pelea a cuchillazo limpio entre dos tipos de las Antillas. Un pequeño grupo lanzó el reto de visitar la habitación del fallecido. Yo me ofrecí voluntario, y pedí a mi hermano pequeño que me siguiera escaleras arriba para prestarme apoyo. Poco a poco ascendimos la estrecha escalinata con el corazón latiéndonos como si fuera un tambor. Llegamos a la parte superior de la destartalada casa victoriana y vimos que la puerta estaba entornada. Entré a hurtadillas en la habitación, tenuemente iluminada por una bombilla. En una esquina había una cama deshecha y la ventana estaba entreabierta, con las cortinas raídas

45

aleteando por causa de la brisa. Vi que algunos charcos de sangre habían impregnado ya la alfombra estampada. Paseé la mirada por toda la habitación y me llamaron la atención unos trajes inmaculados que pendían de unos colgadores, que a su vez se habían fijado con clavos a la pared o al marco de la ventana. Uno de los trajes brillaba mecido por el viento, y la débil bombilla amarilla reflejaba su lustre azul y verde. Otro era de un negro reluciente y dorado. Había un conjunto de color púrpura oscuro y otro naranja refulgente. Aquellos trajes insuflaban vida a la habitación del hombre muerto, y en cuestión de segundos estaba listo para marcharme. Descubrí dos medias coronas junto a la cama revuelta y pensé que constituirían una prueba de que había entrado en la habitación. Las cogí y salí de allí a toda prisa. Mi repentina salida sorprendió a mi hermano, que se dio media vuelta y echó a correr. Ambos bajamos las escaleras y salimos a la calle tan deprisa como pudimos para toparnos con las caras de preocupación de nuestros amigos. Abrí la mano para mostrarles las monedas de plata y nos fuimos a celebrar nuestra buena suerte a la tienda de caramelos Snooks.

Casi todos los domingos por la mañana, los antillanos del lugar se sentaban en un muro emplazado en una esquina de Somerleyton Road para recuperarse de la fiesta de la noche anterior. Lucían aún sus trajes llamativos y sus gorros. Llegué a reconocer a algunos por su forma de apoyarse en la pared o por sus andares. Parecía que estuvieran a punto de protagonizar un tiroteo con Jack Palance. A veces les hacía de recadero y les compraba un paquete de cinco cigarrillos o algún pitillo suelto. Me presentaban a sus amigos como su «spa» [compañero].

Yo era un niño feliz, hasta que un día mi padre me llamó al comedor y anunció la devastadora noticia de que ya no viviría con nosotros; no ofreció ningún motivo o explicación. Aquello me dejó completamente abatido y transformó mi perspectiva de la vida. Transcurridos unos pocos días, tal vez una semana, llegó mi nuevo padre a casa. Se llamaba Michael.

Aquello fue difícil para todos nosotros. Mi hermano pequeño no alcanzaba a entender qué estaba ocurriendo; se negaba a adaptarse al cambio y se revelaba contra el nuevo régimen. Durante los meses siguientes fueron llegando las pertenencias de mi padrastro, entre ellas su piano (era compositor).

A la sazón pasaba todavía más tiempo deambulando por la zona de Brixton, robando en los comercios y causando problemas con una pequeña banda de amigos. Granville Arcade o Woolworth's eran buenos sitios para el hurto.

A veces íbamos al Empress Theatre, en Brighton Terrace, a ver luchar a Mick McManus, pero acudíamos religiosamente al Brixton Astoria para ver películas el sábado por la mañana. Después me gustaba pasar frente a la tienda de discos Desmond's Hipcity, donde colocaban altavoces en el exterior y la gente acostumbraba a bailar al son de los éxitos más recientes llegados de Jamaica.

Por la noche, sin ganas de ir a casa, holgazaneaba con mis amigos hasta que los llamaban para acostarse, o a veces se montaba alguna fiesta y nos sentábamos fuera a ver llegar a la gente. Si se celebraba en casa de mi amigo, comíamos y escuchábamos aquellos discos jamaicanos.

Cuando se hacía tarde, emprendía el camino de vuelta a casa. Costaba dejar atrás el alboroto de la fiesta y los primeros sonidos del *rocksteady*. Volver a casa solo era una buena manera de reflexionar sobre lo acontecido durante el día mientras la música continuaba zumbando en mi cabeza.

BRIXTON, 1965: DE BRIXTON A SIENA

Un atardecer, mi madre y mi padrastro dijeron que salían a ver una película y que debíamos acostarnos nosotros solos. En un momento dado, mi hermano y yo acabamos jugando con una caja de cerillas. Aburridos, empezamos a hablar del sótano y de las ratas que había allí, además de montones de periódicos. A decir verdad, no recuerdo qué ocurrió después, pero al cabo de unos minutos, el sótano era un auténtico infierno y nuestros vecinos aporreaban la puerta principal. Salimos y vimos las volutas de humo negro que emanaban de los huecos de la carbonera. Llegaron los bomberos y utilizaron hachas para entrar en una habitación. Fue muy emocionante, pero sabía que yo era el responsable. Mi hermano y yo fuimos conducidos a la comisaría de policía de Brixton y pasamos varias horas enredando con juguetes rotos. Al final se personaron mi madre y mi padrastro, que parecían bastante avergonzados, y nos llevaron a casa. No se dijo una palabra sobre el incendio.

En otoño de 1965, nos comunicaron a mi hermano y a mí que a nuestro padrastro le habían concedido una beca para estudiar música en Italia y que iríamos a vivir allí un año. Recibimos la noticia con emoción. Supongo que en aquel momento creímos que la escuela había terminado para siempre.

En 1966 dejamos Brixton desde la Victoria Station y pusimos rumbo a Siena. El viaje en tren fue larguísimo, y cuando hicimos un alto en Florencia comimos pizza (la primera de mi vida) y me dejaron tomar un vaso de vino. Regresamos a la estación muy alegres. Siena era otro mundo: el paraíso. Era soleada y tenían uvas, melones, vino y espaguetis. Alquilamos un ático, comíamos pasta y escuchábamos los tambores de la *contrada* local, que recorría la zona en los días previos al Palio.

Se habló de matricularnos en una escuela italiana y yo me negué, porque el uniforme era una gran bata azul con un enorme lazo negro delante. Mi madre ejercía de profesora por las tardes. Durante el día, mi hermano y yo merodeábamos por las calles como habíamos hecho en Brixton.

El idioma supuso un problema importante, pero no por mucho tiempo. Nos adoptó un grupo de adolescentes italianas que estaban ansiosas por mejorar su inglés. Gracias a que los Beatles eran enormemente populares y yo me llamaba Paul, me trataban como a un pequeño príncipe.

Yo tenía un transistor muy pequeño que me había regalado mi tía por Navidad. En Italia, la música que ponían en la radio no siempre era estimulante, pero de vez en cuando sonaba algún tema instrumental con extrañas guitarras distorsionadas. Mi madre me llevaba a ver *spaghetti westerns*, que más bien parecían óperas cargadas de acción. La música me encantaba, y buena parte de ella era la que había escuchado a través del transistor. Sin embargo, echaba mucho de menos a mi padre.

A finales de diciembre de 1966, después de vivir cinco meses en Roma, volvimos a Londres y celebré mi décimo cumpleaños en el ferry que nos llevaba a Dover.

HERNE HILL, 1967: DE HERNE HILL A LADBROKE GROVE

De vuelta a Londres, nos mudamos a Herne Hill, a unos dos kilómetros de Brixton, y me enviaron a la Bessemer Grange School el resto del año. Resultó duro adaptarse al sistema escolar, pero pronto trabé nuevas amistades y me preparé para la escuela secundaria, en un lugar llamado William Penn Boys School. El centro tenía muy mala fama y era un problema para la zona. No me interesaban demasiado los estudios, así que empecé a tomarme ratos libres, a hacer novillos.

El movimiento de las cabezas rapadas comenzaba a tomar forma y resultaba muy atractivo para inadaptados en ciernes como yo. El movimiento hippy no ejercía esa atracción, ya que no me gustaban ni la música ni la imagen.

Cuando tienes doce o trece años, eres demasiado mayor para las sesiones matinales del sábado y demasiado joven para entrar a los clubes. Pero un amigo me habló de un lugar llamado Streatham Locarno, en el que se celebraban bailes los sábados por la mañana. Todos nos acicalábamos. Yo tenía una camisa blanca Ben Sherman, unos Levi's a juego, unos tirantes delgados de color rojo y botas Dr. Martens. Mi amigo Cleave Teagle llevaba un traje en dos tonos (sentía celos de aquel traje y acabé comprándoselo y vistiéndolo durante los primeros días de The Clash).

El Locarno era frecuentado por una multitud de chicos pendencieros y alguna que otra muchacha. Una vez dentro, escuchábamos montones de instrumentales de Lee Perry, que brindaban una excelente banda sonora para las peleas que se desencadenaban en la pista de baile.

Finalmente, el Streatham Locarno fue clausurado por las trifulcas, momento a partir del cual tenía noticia de las novedades en casa de un amigo, a través de un recopilatorio reciente de Tighten Up o gracias al equipo de sonido de Brockwell Park Funfair. La ropa chillona, la música jamaicana, las peleas y el fútbol eran nuestras obsesiones. Las chicas llegaron más tarde.

LADBROKE GROVE, 1970: UNA NUEVA VIDA AL OTRO LADO DEL RÍO

Cuando los años sesenta tocaron a su fin, yo había perdido por completo el control. Apenas iba al colegio y la relación con mi padrastro, aunque nunca había sido buena, ahora pendía de un hilo. Mi madre necesitaba ayuda e hizo una llamada telefónica. Un día o dos después me preguntaron si quería vivir con mi padre. Acepté de inmediato e hice las maletas.

Mi padre vivía justo delante de Portobello Road. Cuando llegué, nos sentamos e hicimos inventario de mis pertenencias. Sacó todos mis preciados fetiches futbolísticos, los rompió en dos y los tiró a la papelera, exclamando: "¡En esta casa no entra esa porquería!".

Todo mi mundo dio un giro dramático. Me sentía aprisionado y trataba de adaptarme al nuevo orden. Me enviaron a la Isaac Newton Boys School, situada en Golborne Road. Pese a la rigidez de la vida doméstica, la Isaac Newton School representaba la libertad absoluta. Era igual de dura que la William Penn School, y los maestros iban y venían. No obstante, disfrutaba con la anarquía que imperaba en el lugar.

La zona del oeste de Londres en la que residía era el equivalente a Brixton, y la influencia de las Antillas era considerable y me resultaba muy familiar.

Los sábados trabajaba en el mercado de Portobello, y me sentía como en casa. Durante los años siguientes mi vida se volvió más relajada y podía escaparme por las noches, alternar con los chicos del colegio y estar al día de las últimas canciones reggae.

LADBROKE GROVE, 1973: PINTURA Y GUITARRAS

En 1973 continué un año más en la Isaac Newton School para realizar otro curso, pero debido a que el colegio no disponía de profesores suficientes, los alumnos de sexto tuvimos que seguir las clases en la escuela para chicas de Ladbroke. En ese momento mi punto de mira estaba en la escuela de arte. La profesora de arte de la Ladbroke Girls School se encariñó conmigo y me animó a solicitar plaza en la Byam Shaw School of Art de Notting Hill Gate, donde te aceptaban basándose en la calidad de tu trabajo. Fui admitido y logré convencer al Consejo del Condado de que me había hecho acreedor a una beca.

Sin embargo, tras un curso preparatorio de un año, mi mente empezó a divagar. El movimiento abstracto estadounidense de los años sesenta todavía seguía firmemente afianzado en la mente de algunos profesores, y el modo en que yo quería pintar era demasiado anticuado para ellos. Mi única pretensión era aprender a dibujar y pintar. Me dijeron que debía repetir el curso introductorio, así que acepté la beca y, transcurridos unos meses, me esfumé.

Un mes antes de irme, acudí con un amigo de la escuela de arte a una audición para bateristas. Yo le acompañé solo para prestarle apoyo. Llegamos a Praed Street, en Paddington, y entramos en lo que parecía una mazmorra. Los tres tíos que había allí, con melenas muy largas y guitarras, me preguntaron si era cantante. "No, soy pintor". Hicieron caso omiso de mi respuesta, o tal vez no me oyeron por culpa del pelo. Sea como fuera, mi amigo aporreó la batería y me animaron a que probara a cantar algunas canciones que jamás había oído. Fue un desastre.

Cuando nos marchábamos de la mazmorra, vi a un hombre sentado en un rincón... "¿Es su representante o algo así?", le pregunté. "No, ¿por qué? ¿Qué te pasa?", repuso él. Más tarde descubrí que aquel hombre era Bernard Rhodes.

Al cabo de una o dos semanas, me topé con el guitarrista de la audición, que llevaba el pelo más corto. Se llamaba Mick Jones, me dijo, e iba a la Hammersmith School of Art. Charlamos un rato y nos encontramos varias veces en los pubs locales. Una noche me preguntó si tocaba algún instrumento. "No... pero me gustaría", fue mi respuesta.

Mick y yo quedábamos en su casa, que se encontraba en un bloque de pisos situado frente a Harrow Road. Intentó enseñarme unos cuantos acordes de guitarra y los dos nos sentimos tremendamente frustrados. "A lo mejor deberías probar con un bajo eléctrico, quizá te sea más fácil", propuso. No me seducía la idea, porque pensaba que en un grupo de rocanrol el bajista ocupaba un segundo plano.

No obstante, lo intenté. Nos hicimos con un bajo y Mick me dijo que había una exposición de pintura de un tal Stuart Sutcliffe en el Camberwell Art College. Sutcliffe era miembro de un grupo llamado los Silver Beatles*, y él tampoco sabía tocar el bajo, me explicó Mick. Así, después de la lección de historia musical de Mick, empezó mi aprendizaje.

Fue un infierno, pero resultaba más fácil cuando tocaba al son de los discos de reggae. Escuchaba las líneas de bajo y me sabía las canciones al dedillo. Nuestra amistad fue a más y me presentó a otro guitarrista, de nombre Keith Levene. Era una persona quisquillosa y nos llevábamos bien. Ensayamos juntos durante meses, probando cantantes y bateristas bajo la atenta mirada de Bernard Rhodes, que había estado ayudando a un nuevo grupo, los Sex Pistols; les había encontrado un cantante llamado John.

Durante el mes siguiente ensayamos de vez en cuando con el baterista Terry Chimes y no tardamos en encontrar a nuestro cantante, aunque aun formaba parte del grupo The 101 'ers. Atendía al nombre de Joe Strummer...

---

* Grupo en el que ingresó el 1959, gracias a su amistad con John Lennon y que, años más tarde, se convertiría en los Beatles (*N. del E.*)

TOPPER HEADON
(30/05/1955)

«La batería se convirtió en mi primera adicción. Tocaba ocho horas diarias.»

NACIMIENTO, ESCUELA...

Nací en Bromley en 1955. Mi padre y mi madre eran profesores y él obtuvo su primer puesto de director (de una escuela primaria) en Dover, así que nos mudamos allí cuando yo apenas tenía trece años. Me crié en la zona de Bromley, Dartford, y asistí a la escuela primaria en la que mi padre impartía clases. Creo que para ser aceptado por los demás chicos solía jugar un poco más de lo que debía. Me convertí en el payaso de la clase y no conservo ningún mal recuerdo de aquella época. Fue fantástica. Luego asistí durante un año al colegio de Dartford, del que también guardo un grato recuerdo

Sin embargo, mi vida empeoró cuando pasé a la escuela de secundaria de Dover, porque todos los alumnos de mi curso habían ido a colegios de la zona y se conocían entre sí y tambiéna las chicas de fuera de la escuela (la institución era solo para chicos). Además, entré en secundaria un año más tarde que los demás.

Al principio fui víctima de acosos porque todos tenían sus camarillas y yo era el nuevo, un extraño, y no conocía a nadie ni ningún lugar de los que ellos frecuentaban en Dover. Además, era bajito. Era infeliz y no me gustaba el colegio.

Solo hice amigos en el fútbol, que se me daba bien, hasta que empecé a tontear y a hacer cosas que los demás niños no hacían. Yo era el que tiraba la piedra a la ventana y el que hacía las locuras de las que los demás solo hablaban.

Poco después de llegar a Dover, me rompí la pierna jugando a fútbol y me la escayolaron entera. No podía moverla en absoluto, así que tuve que sentarme en posición erguida por primera vez en mi vida y no podía asistir al colegio. Esto duró seis meses. Me sentaba a ver cómo otros niños jugaban a fútbol en la calle, y empecé a sentirme muy deprimido porque no podía hacer nada.

Padecí alopecia y mostré claros síntomas de depresión, así que el médico propuso que tuviera una afición o que empezara a hacer algo que ocupara mi tiempo y mi atención. Me gustaba la música y escuchaba a los Who, y me encantaba el sonido de Keith Moon, así que decidí que quería ser batería. Un mes después, el Dover Express publicó un anuncio de una batería y mi padre me la compró.

MÚSICA

A mis padres les gustaba la música. Ambos son galeses y les gusta mucho cantar, y mi madre toca el piano. A ella le encantaban los Beatles y me crié con música a mi alrededor, tanto grabada como en directo. Me animaron cuando dije que quería tocar la batería, aunque tenía que hacerlo en casa y el ruido era ensordecedor. Sin embargo, jamás protestaron.

Nunca he recibido una sola clase de música y cuando la gente me pregunta si les puedo enseñar, no tengo ni idea de cómo hacerlo. Soy incapaz de leer una sola nota, pero puedo tocar el piano y la guitarra, aunque no sé lo que estoy haciendo. Creo que lo heredé de mis padres. Según mi madre, cuando estaba en la cuna me cantaba una nota y yo la emulaba sin problema.

Tocar la batería se convirtió en mi primera adicción. Ensayaba ocho horas diarias y mis padres me lo permitían. Eran increíbles.

Seis meses después de recibir la primera batería estaba dando conciertos. Había una familia de músicos que vivía cerca de casa. El padre, Bill Barnacle, tocaba la trompeta y tenía tres hijos de mi edad, o algo más jóvenes, y todos querían ser músicos. Una noche fui a ver a Bill al pub Louis Armstrong, cuando yo rondaba los catorce años, y me levanté y me puse a tocar.

Era lo bastante bueno como para conseguir actuaciones regulares cada sábado por la noche en el Louis Armstrong tocando jazz tradicional, así como en otros pubs y clubes en los que actuaba con bandas de acompañamiento, y ganaba cinco libras a la semana cuando otros chicos de mi edad se llevaban cinco chelines.

Me encantaban los discos de Gene Krupa y Buddy Rich, pero también me gustaba el rock. Escuchaba tanta música y de tantos estilos diferentes como podía y la incorporaba a mi forma de tocar. Me gustaba mucho Steve Gadd, un baterista brillante, y también Herbie Hancock, y más adelante conocí a Taj Mahal gracias a Mick.

No me explico muy bien por qué, pero tenía un don para tocar la batería. Tras los tambores me sentía seguro. Era mi salvoconducto a la confianza, podía hablar con las chicas y sentía que era capaz de hacer cualquier cosa. Mis padres me apoyaban, porque se daban cuenta de que era lo que se me daba bien.

Por supuesto, cuando aprendí a tocar la batería dejé de hacer los deberes. Mis padres intentaron que me esforzara y dejé la escuela con dos sobresalientes, uno en literatura inglesa y otro en lengua, pero no estudiaba y suspendí todas las demás.

Me fui a Londres yo solo cuando tenía diecisiete años. Tras un par de noches en una pensión, conocí a un tipo de Dover que me presentó a unos estudiantes de medicina a los que les sobraba una habitación en una casa de Tooting, así que me trasladé allí y trabajé en la lavandería Initial. Me quedé unos meses, pero a esa edad era un poco duro. En aquella época me presenté a algunas pruebas, una para Sparks, en la que quedé segundo, y no conseguí el trabajo. Me quedé sin dinero al cabo de unos meses y regresé a Dover. Mis padres me readmitieron sin problemas. Nunca me fallaron.

Durante el año siguiente conseguí pequeños trabajos en Dover, y me contrataron para la obra del túnel del Canal; pero nunca le he visto el sentido a trabajar si no disfrutas. Seguí presentándome a audiciones de grupos y, cuando tenía unos dieciocho años, conseguí un puesto en uno llamado The IGs —eran todos soldados del ejército de Estados Unidos—, cuyos miembros eran mucho mayores que yo. Sin embargo, me encantaba tocar con ellos. Nos hospedábamos en pensiones, dábamos conciertos por las bases del ejército estadounidense en Inglaterra y teníamos que tocar vestidos de negro.

Solíamos versionar «Cloud 9», de los Temptations (le decía a la gente que había tocado con ellos, pero no era cierto), y «Love Machine», de los Miracles. La música era excelente, pero no me gustaba salir con ellos de gira porque era un aburrimiento. Los conciertos eran estupendos, pero los viajes y salir por ahí no.

UN ESPLÉNDIDO MUNDO NUEVO

Volví a Londres cuando tenía diecinueve años y, a través de la revista *Melody Maker*, tuve acceso a audiciones con montones de bandas. Una de ellas era London SS, y fue allí donde conocí a Mick, ya que toqué con ellos durante una semana más o menos.

Conocí a Bernie en la primera prueba para ese grupo y me cayó mal de buen comienzo. Nunca me gustó Bernie.

Antes de unirme a los Clash toqué seis meses con un guitarrista canadiense llamado Pat Travers y me echó por no tocar con suficiente brío. Luego conocí a Mick en el Rainbow y me pidió que me presentara a las pruebas para su nueva banda, así que pensé: "De acuerdo, pienso aporrear la batería." Y así lo hice después de tocar «London's Burning» unas doscientas veces en un día.

Recuerdo que el grupo preguntó a los demás bateristas cuáles eran sus influencias, y todos nombraban a los Pistols, los New York Dolls y ese tipo de bandas. Algunos decían lo que creían que el grupo quería oír, pero cuando me preguntaron, mencioné a Billy Cobham, Buddy Rich y músicos que me gustaban de verdad.

Después de la audición, recuerdo que Baker, el *roadie*, me sacó de allí y me dijo: "El puesto es tuyo, si lo quieres". "¿Cómo lo sabes?", pregunté yo, y él repuso: "Los conozco. Es tuyo."

Todas esas historias de que no me gustaba el punk son falsas. Cuando conocí al grupo me encantó su aspecto. Los tres resultaban intimidatorios, pero era emocionante, y me gustaban mucho su energía y lo que hacían. Pero no es cierto que nunca me haya gustado el punk.

No fui un gran baterista hasta que pasé a formar parte de los Clash. Era un buen baterista, sabía todo lo necesario, pero no había energía detrás. Cuando fui aceptado como miembro del grupo tuve que aprenderlo todo de nuevo. Y evolucionamos juntos. Nuestra química, o lo que fuera, nos convirtió en lo que éramos musicalmente hablando.

«El día que me uní a The Clash
fue como volver a la casilla de inicio,
al año cero. Parte del punk consistía
en desprenderte de todo lo que
conocías antes.»

JOE

1976

El verano de 1976 fue largo y caluroso, y en las ondas radiofónicas imperaban los sonidos de la música disco, el rock progresivo y Abba. Pero en algunos sótanos oscuros y pubs de Londres estaban gestándose un sonido y un estilo nuevos. El almacén de una tienda de ropa *bondage* había lanzado a los Sex Pistols, que ofrecieron unos cuantos conciertos caóticos hasta conseguir un bolo todos los martes por la noche en el 100 Club. El 4 de julio, una actuación de los Pistols organizada por The Buzzcocks en Manchester y a la que asistieron menos de cien personas inspiró a los periodistas a proclamar los albores de una nueva época: la era del punk. Un mes después, en un pequeño pub de Sheffield, los Clash debutaban en directo como teloneros de los Pistols.

JOE: A mi regreso a Londres en 1974, recuerdo que pasé frente a un pub irlandés, miré dentro y vi a un trío tocando y pensé: "En lugar de ser perseguido por la policía en el metro, quizá debería probar eso". Vivía en una casa ocupada en Maida Hill, y creía que tocar en pubs podía ayudarme a sobrevivir económicamente en verano. Fue la primera vez que pensé en montar un grupo de rocanrol eléctrico, pero mi ambición era solo pasar el verano sin tener que andar corriendo por el metro cuando me sacaban a patadas de los pubs, ni tener que recolectar dinero entre los borrachos.

JOE: La casa ocupada no solo era el único lugar que podía costearme, sino que además me permitía ensayar allí. Los 101 'ers empezamos con un amplificador y un altavoz. Me construí mi equipo con un cajón que había encontrado en un contenedor de basura. Conseguimos unos altavoces en Edgware Road, los metimos en los cajones, les colocamos unas tablas para cubrirlos, los pusimos de pie y esos eran los muebles de nuestro equipo de sonido. Alquilamos un club, porque nadie iba a contratarnos para actuar en uno, así que encontramos una sala en el piso superior de un pub, la arrendamos por una libra cada noche y así aprendimos a tocar. Lo hicimos nosotros mismos. Ése era el espíritu del punk.

JOE: Le pusimos por nombre a la sala Charlie Pig Dog Club por un perro que teníamos. El lugar se animó mucho, porque todos los okupas del oeste de Londres pasaban por allí, y pronto se convirtió en un batiburrillo enorme. Una noche había unos gitanos timando a la gente y tirando abrigos por la ventana. La policía llevó a cabo una redada y se montó la de Dios, pero nosotros seguimos tocando. Los agentes no sabían si cachear y detener a los okupas o a los gitanos. Tocamos «Gloria» durante veinte minutos.

PAUL: La primera vez que vi a los 101 'ers fue en un cuchitril con gente paseándose por allí con sus perros y hippies gigantescos yendo y viniendo. Joe estaba en el escenario, y por allí andaba un tipo al que llamaban Dave the Van o algo así; llevaba un peto azul marino y barba larga, e iba dando saltos, borracho como una cuba. Había también una mujer amamantando a un bebé y perros corriendo por el escenario, pero Joe sin duda era el centro de atención.

JOE: En 1975, Kilburn and the High Roads eran lo máximo. Luego llegaron los Dr Feelgood, y eran como una máquina de enormes proporciones y nos enamoramos de aquella escena. Una noche, Allan Jones (más adelante director de las revistas *Melody Maker* y *Uncut*), a quien conocimos en Newport, se vino al Pig Dog Club a vernos y escribió un par de líneas sobre nosotros en *Melody Maker*, afirmando que los 101 'ers sabían tocar rock de verdad, y yo las recorté y las llevé a algunos pubs del oeste de Londres. Al final, el dueño del Elgin dijo: "De acuerdo, os pagaré cinco libras". Fue entonces cuando nos apartamos de nuestra pequeña escena. El Elgin se convirtió en un lugar de moda, el dueño nos pasó al jueves por la noche porque éramos un buen negocio, y la cosa empezó a despegar. Yo no lo sabía, pero los Sex Pistols venían a vernos cada jueves por la noche. No era consciente de lo buenos que éramos.

MICK: Cuando llegó Paul a nuestra sala de ensayos en el sótano, tenía un aspecto tan increíble que le preguntamos si sabía cantar. Paul lo intentó en vano, pero me causó una gran impresión y nos hicimos bastante amiguetes. Un día, mientras caminábamos por Portobello Market, me propuso montar un grupo.

JOE: La primera vez que oí la palabra *punk* fue en *Time Out*, una guía de espectáculos londinense, donde escribieron que Eddie & the Hot Rods eran un grupo punk de segunda generación, y recuerdo que pensé: "¿Qué significa esa palabra?". Entonces aparecieron los Pistols, y quedó claro a qué se referían.

MICK: Pedimos prestado un bajo a Tony [James], y Paul apuntó las notas en él y luego intentamos aprender a tocarlo. Resultó que Paul era un bajista fantástico. Tenía un estilo propio, además de imagen, y era increíble. Los comienzos fueron frustrantes, pero mejoró paulatinamente.

JOE: Los 101 'ers llevaban dos años tocando cuando los Pistols irrumpieron en la escena, y cuando los vi, me di cuenta de que no se podían comparar con ningún otro grupo de la isla, estaban muy avanzados a su época. Vuelvo a insistir, debe reconocérseles que impulsaron un salto mayúsculo. En cuanto vi a los Sex Pistols en el Nashville Room —actuaron como teloneros de los 101 'ers y nosotros teníamos mucho descaro, éramos okupas y nada ni nadie nos importaba—, recuerdo que pensé: "Madre mía, mira esos tíos". Sid Vicious fue el último en salir del camerino para realizar la prueba de sonido. "Voy a vacilarle a uno de estos tíos a ver de qué pasta están hechos", pensé yo. Vicious llevaba una chaqueta dorada, parecida a la de Elvis, y le dije: "¡Eh!". "¿Qué?", respondió él. "¿De dónde has sacado esa chaqueta?" Me encantó Sid, porque los grupos de la época eran así, se enfrentaban unos a otros, la competencia era brutal, y podría haberme dicho: "Vete a la mierda", pero no lo hizo. Su respuesta fue: "Mola, ¿verdad? ¿Sabes dónde la compré? ¿Conoces ese tenderete...?". Fue fantástico. Sid no tenía necesidad de hacerse el interesante. Los Pistols actuaron y me situé frente al escenario para verlos. Apenas había público, creo que era un martes. En aquel momento supe que estábamos acabados. Tras cinco segundos de su primera canción supe que éramos como un periódico del día anterior, habíamos caducado.

PAUL: En el Nashville vimos a los 101 'ers con los Pistols. Conocía a Steve y Glen, pero no a John. Era fantástico sobre el escenario; animaba a la gente, se sonaba la nariz, llevaba un enorme jersey rojo lleno de agujeros y todo le importaba un pito. Me parecieron geniales. Me sentía identificado con ellos y ni siquiera oí las notas equivocadas. Cuando salieron los 101 'ers, Joe estuvo magnífico, y los demás parecían limitarse a juguetear.

MICK: Habíamos visto a Joe con los 101 'ers bastantes veces, y el hecho de que estuviera ahí tocando significaba mucho para nosotros. Teníamos a un cantante llamado Billy, de Wycombe, pero no funcionaba y, no recuerdo por qué, pero estábamos buscándole un sustituto. Creo que fue Bernie quien nos hizo pensar en Joe. Le habíamos visto por ahí, en la oficina del paro, y cuando fuimos a ver a los 101 'ers con los Sex Pistols, una noche en que éstos acabaron enzarzados en una pelea, decidimos que Joe era el mejor.

PAUL: Teníamos un cantante, Billy Watts, que era buen tipo, pero su aspecto estaba algo anticuado y necesitábamos savia nueva. Creo que fue Bernie quien propuso que intentáramos fichar a Joe, de los 101 'ers.

JOE: La primera vez que vi a Mick y Paul estábamos en la oficina de colocación de Lisson Grave. Yo estaba haciendo cola para cobrar el subsidio de desempleo, que eran unas 10,64 libras, y ellos iban a ver a alguien. Se me quedaron mirando, y no caí en que habían visto a los 101 'ers el fin de semana anterior, y probablemente me habían reconocido. Pensé que los conocía de alguna pelea, así que los ignoré, recogí mi paga y esperaba que se metieran conmigo cuando me dirigiera a la salida o en la calle, pero se quedaron allí sentados. Sin embargo, me llamaron la atención, ya que tenían un aspecto distinto a los demás. Creí que habría problemas, y ya estaba pensando a cuál soltarle un puñetazo. Mi primera opción fue Mick, porque era el más delgado, y Paul tenía buen aspecto, así que decidí que le atizaría a Mick y saldría por piernas. Ése era mi plan.

PAUL: Recuerdo que vi a Joe en la cola del paro, y creo que se dio cuenta de que estábamos mirándole y estaba un poco preocupado, como si fuéramos a darle una paliza. Nos miró un momento, con bastante timidez, asustado, pero no estábamos más que comentando que era el tío de los 101 'ers.

MICK: Decidimos preguntarle a Joe si quería unirse a nosotros. Estábamos en la casa ocupada cuando Bernie y Keith fueron a verle actuar en el Golden Lion, en Fulham. Creo que le dieron cuarenta y ocho horas para decidirse, pero Bernie no pudo esperar tanto y le llamó al día siguiente. Joe aceptó.

JOE: Después de ver a los Pistols, creí que los 101 'ers debían dejarlo. Los demás miembros no opinaban igual y empezamos a distanciarnos. Poco después, el guitarrista se largó al finalizar un concierto en el Golden Lion, en Fulham, pero aquella noche Bernie Rhodes se acercó al camerino con Keith Levene y me dijo: "Ven conmigo, quiero que conozcas a alguien". Algo en el aspecto de Bernie y Keith me hizo aceptar, y fuimos a Shepherd's Bush, a una casa ocupada en Davis Road donde había dos tipos esperando. Ya los había visto en la oficina del paro poco antes. Había amplificadores en la sala y empezamos a ensayar en ese mismo momento o al día siguiente. Después Bernie me preguntó: "¿Por qué no te planteas la posibilidad de unirte a este grupo?". Me lo pensé durante unas veinticuatro horas, le telefoneé y le dije: "De acuerdo". Lo que más me llamó la atención fue su aspecto, que personificaba aquel nuevo mundo.

MICK: Joe vino a vernos a Davis Road. La espera nos puso a todos muy nerviosos y fuimos directos al grano. Entramos en la pequeña habitación que habíamos insonorizado con hueveras y nos pusimos a ensayar. Joe no quería tocar sus canciones, pero le apetecía cambiar las nuestras, improvisar a partir de ellas. Así que teníamos a un gran letrista trabajando con nosotros y a Bernie ayudándonos a saber quiénes éramos y sobre qué debíamos escribir.

JOE: El día que me uní a The Clash fue como volver a la casilla de inicio, al año cero. Parte del punk consistía en desprenderte de todo lo que conocías antes. Éramos casi estalinistas, porque insistíamos en que había que deshacerse de las viejas amistades, de todo lo que conocíamos hasta entonces y de nuestra manera de tocar, en un intento febril por crear algo nuevo, lo cual no era fácil en aquel momento. Era muy riguroso. Estábamos locos, total y absolutamente locos.

JOE: Cuando se formaron los Clash no había una agenda real, todo se regía por las contribuciones de cada uno. Solo estaban Mick y Paul. Mick estaba enseñándole a tocar el bajo a Paul, porque solo llevaba tres semanas en la música. Mick ya se manejaba muy bien con la guitarra y yo podía realizar mis aportaciones, pero no teníamos batería. Todo era nuevo, partimos de cero.

PAUL: Cuando Joe vino a vernos a Davis Road, nos metimos en la pequeña sala para ensayar, y Mick y yo empezamos a tirar las guitarras, saltando de un lado a otro, y creo que a Joe le gustó, porque en su otro grupo no ocurrían esas cosas y todo tenía que ser perfecto. Nosotros nos limitábamos a tocar, y era cuestión de suerte si me salía un mi o un sol; por eso me escribí las notas en el mástil. Si Mick me decía «sol», podía ir directo a la nota. Mick lo llamaba «el método de la Escuela de Música de Paul Simonon».

JOE: Paul practicaba con canciones reggae y con el primer disco de los Ramones, álbum de notable influencia. No se puede subrayar suficientemente lo fantástico que fue el debut de los Ramones para la escena, porque infundió entre quienes no sabían tocar la idea de que hacerlo era bastante sencillo. Todos solíamos practicar con su disco. Paul y yo nos pasamos horas, días y semanas tocando al son de aquel álbum. Cualquiera podía saber dónde iban las notas y te daba confianza. Fue la primera palabra del punk, un disco estupendo.

JOE: Nuestro equipo era bastante rudimentario. Solo necesitábamos tres amplificadores y cable; para empezar, no teníamos ni batería. Bernie nos compró un amplificador de corriente y tres micrófonos. Uno de ellos provenía de la English National Opera. Antes de unirme a The Clash trabajé allí limpiando retretes. En una pasarela situada sobre el escenario vi un micro que utilizaba un tío para hablar con los empleados que trabajaban entre bastidores, o con los iluminadores. Un día que no había nadie por allí, me subí a una escalera con unas tenazas escondidas en el mono. Cogí el micrófono, corté los cables, me lo guardé en los pantalones y volví a bajar. Con la emoción me puse a sudar, e iba por los pasillos cuando el director del teatro vino en dirección a mí y pensé: «Seguro que se da cuenta de que llevo el micrófono en los pantalones», pero pasó de largo. Al principio utilizábamos aquel micrófono.

PRIMERAS CANCIONES DE LOS CLASH

JOE: Traje material de los 101 'ers, pero Mick también tenía algunas canciones en las que el grupo había estado trabajando. Creo que la historia más divertida trata sobre «I'm so Bored with the USA» [Estoy harto de los EE.UU.], que probablemente fue la primera que compusimos conjuntamente Mick, Paul y yo. Cuando Mick me pasó la demo, entendí que se titulaba «I'm so Bored With the USA» y salté de la silla exclamando: «¡Genial, genial!». Por aquel entonces, como ahora, vivíamos con una parilla de programas de televisión estadounidenses. "Fantástico, estoy harto de Estados Unidos", dije yo, a lo que Mick respondió: "No, yo no he dicho eso. La canción trata sobre mi novia, y se llama «I'm so Bored with the USA»". "Da igual, escribámosla ahora mismo", propuse. La canción se convirtió en una de las favoritas del público estadounidense. Solían pedirla a voces si no la tocábamos.

MICK: Originalmente se titulaba «I'm so Bored with the USA» y era una especie de canción de amor retorcida, pero Joe añadió el «SA» y pasó a tratar sobre la americanización de Inglaterra. Aunque todos nos habíamos criado con la televisión estadounidense, creíamos que esa influencia de Estados Unidos era demasiado nociva. Una noche fuimos a una heladería de Edgware Road, un establecimiento de estilo estadounidense, compramos unos helados y escribimos «I'm so Bored with the USA» en la ventana, y lo filmó todo Julien Temple, que más tarde dirigiría *The Great Rock & Roll Swindle* y había rodado mucho material sin sonido en el que aparecíamos nosotros.

PAUL: Las canciones que empezamos a tocar habían sido compuestas por Mick y Joe, lo cual contribuyó a forjar cierta unidad entre nosotros. Ambos traían material y trabajábamos a partir de él. «I'm so Bored with the USA», «Protex Blue» y «Keys to Your Heart» fueron algunas de las primeras. También había un par de versiones de los Kinks.

JOE: En aquel momento, yo vivía en una casa ocupada maravillosa en Orsett Terrace, pero estaba plagada de moscas. Paul y Keith Levene vivieron allí una temporada. Sid Vicious también pasó un tiempo en la casa. Uno de los primeros temas de los Clash, «I Can't Stand the Flies», trataba sobre aquel lugar, y era una cancioncilla interesante acerca del millar de moscas que se congregaban en la cocina. Si querías prepararte una taza de té, tenías que andar a gatas para llegar hasta el armario en el que guardábamos la tetera.

MICK: La segunda canción del grupo probablemente fue «1-2 Crush on You», que no sufrió grandes alteraciones cuando Joe empezó a tocarla con nosotros.

JOE: «Mark Me Absent» es una canción que, según creo, estaban componiendo Mick y Keith Levene, y decía algo así: "Mark me absent baby, bla bla...", pero pronto la descartamos porque era pura basura. Aun así, nos dio algo con lo que trabajar.

PAUL: Keith era fantástico, porque su planteamiento siempre era distinto al de Mick y generaba un sonido interesante. Siempre estaba experimentando, tratando de llevar las cosas un poco más allá.

JOE: Paul Simonon siempre tarareaba la canción «Poison Flour on the Hour», que trataba sobre una mantequilla en mal estado que se había utilizado para hacer pan y envenenó a varias personas. Simonon la trajo a fin de demostrar que podías escribir sobre temas cotidianos. Todo aquello lo sacábamos del reggae, de su manera de cantar acerca de cosas que acababan de suceder. Nos dio una dirección para intentar hacer las cosas a nuestra manera. Esa amalgama rasta-punk fue crucial para toda la escena.

MICK: Yo solía crear el esqueleto de las canciones en el autobús que cubría el trayecto desde el oeste de Londres hasta Camden, así que mientras me dirigía a los ensayos empezaba a sacar ritmos. Un día me vino a la mente «Janie Jones», porque la chica había aparecido en los periódicos del domingo, así que aquel tema fue una combinación de cuanto sucedía en el autobús 31 y se contaba en los suplementos dominicales.

PAUL: Creo que «1977» se nos ocurrió a Joe y a mí mientras escuchábamos el pequeño tocadiscos que teníamos en Rehearsals Rehearsals. Solo teníamos unos cuantos álbumes: un par de los Kinks, el *Sell Out* de los Who y algunas cosas de los años sesenta.

JOE: En aquellos días la vida era muy intensa, nunca dejábamos de escribir. Parecía que se había compuesto una obra enorme de una tacada. No recuerdo en qué orden surgieron las canciones.

MICK: Al principio tuvimos que esforzarnos mucho con los instrumentos, y ello sumado a la lucha que manteníamos con las cargas que nos imponía Bernie constantemente, nos convertía en algo distinto a todos los demás.

TIENES LA PINTA

MICK: Keith, Paul y yo paseábamos un sábado por Portobello Road y fuimos a la zona de tiendas de segunda mano. Allí encontramos un puesto que vendía abrigos antiguos de los años sesenta en un color lila muy favorecedor y en verde claro, y nos compramos uno cada uno. Eran muy baratos. Nos los poníamos para salir a pasear y verdaderamente parecía que fuésemos un grupo.

PAUL: El pelo de Mick se convirtió en un desafío para Joe, para Bernie y para mí. "Cada vez llevas el pelo más corto", me decía Mick, mientras nosotros insistíamos en que debía pasar por la peluquería, porque parecía miembro de otro grupo.

JOE: En el mundo de las casas ocupadas en el que vivía no se cultivaba demasiado la moda. Yo gastaba pantalones pitillo porque nunca me gustaron los acampanados, pero no era ni mucho menos una elección estética. Eso sí, estaban a buen precio en las tiendas de ropa de segunda mano.

PAUL: Yo prestaba atención a la imagen de los Pistols. Steve solía llevar ropa de Malcolm y Vivienne, aunque a John no parecía gustarle y lucía un aspecto propio que resultaba interesante. No disponíamos de una tienda en la que pudiéramos confiar, así que teníamos que ser autosuficientes, cosa que nos ayudó a largo plazo. Debíamos participar más en las decisiones estéticas, mientras que los Pistols literalmente tenían quien les cosiera la ropa. Joe se interesó muy pronto por todo aquello, y mientras yo decoraba camisetas al estilo Jackson Pollock, él se pintaba los pantalones.

MICK: Además de cómo suenan las cosas y del mensaje que entrañan, siempre me ha interesado el aspecto de las bandas.

PAUL: Todos nos dimos cuenta de que necesitábamos una imagen unificada. Creábamos nuestra propia ropa y Bernie trajo a una chica, Alex Michon, que era fantástica. Yo dibujaba lo que queríamos y ella lo cosía para nosotros. Hizo una chaqueta con recortes de la bandera del Reino Unido. Comentábamos las ideas con ella y luego me encargaba de dibujarlo y le daba las especificaciones para cada uno de nosotros.

JOE: La única cita mía que pasará a la historia es "así son los pantalones, así es el cerebro". Eso de los pantalones de campana era una resaca de los años sesenta, y lo más novedoso era la ropa ajustada. Fue algo importante. Podías intuir de qué iba la gente a un kilómetro de distancia, lo cual era muy práctico.

PAUL: La gente se quedaba boquiabierta si andabas por la calle con HATE & WAR escrito con plantilla en la espalda. En una ocasión, Joe me preguntó qué opinaba sobre los skinheads, y yo respondí que se trataba de intimidar a la gente, así que también lo incorporamos a nuestra estética. Nos conectó a Joe y a mí. Ambos estábamos en la ruina, pero él percibía el subsidio de desempleo y solía compartirlo conmigo. Una vez, después de que Joe hablara durante una semana sobre las gafas de espejo y de lo intimidatorias que resultaban, cogió el dinero del paro y salió a comprar unas para cada uno. Las llevamos muchísimo tiempo. Éramos unos muertos de hambre, pero teníamos unas gafas de espejo. Luego, cuando alguien me dio un billete de cien dólares, le recompensé comprándole un mono, porque yo ya tenía uno.

PRIMEROS CONCIERTOS

**4 de julio de 1976,
Black Swan, Sheffield
(con los Sex Pistols)**

JOE: La formación para el primer concierto fuimos Terry Chimes a la batería, Paul Simonon, Mick Jones, Keith Levene y yo, así que contábamos con tres guitarras.

MICK: Creo que no llevábamos mucho tiempo ensayando antes de la primera actuación.

JOE: El primer concierto que dimos fue en un local al que llamábamos The Mucky Duck [el Black Swan], en Sheffield. Había una canción titulada «Listen», que tenía una línea de bajo que iba ascendiendo la escala musical y luego bajaba una nota, pero Paul estaba tan nervioso que no dejaba de subir la escala, y nos partimos de risa porque no sabía cómo entrar.

PAUL: El día que nacieron realmente los Clash fue cuando actuamos en el Mucky Duck con los Pistols, y estuvo muy bién. Fue la primera vez que toqué sobre un escenario. La noche anterior me entró el pánico, pero una vez estuvimos en ruta empecé a hacer el idiota. Até uno de los zapatos de Keith a un trozo de cuerda y lo colgué en la parte trasera de la furgoneta. Tuvimos que abrir la puerta para poder respirar. Íbamos todos sentados con los amplificadores y el equipaje y con una zapatilla de deporte rebotando detrás de nosotros; los coches que nos seguían tenían que aminorar la marcha para esquivarla. Pero cuando pisé el escenario fue como estar en el salón de mi casa. Me sentía realmente cómodo. Las cosas salieron mal y Mick tuvo que venir a afinarme el bajo, aunque a mí no me importaba. Solo me apetecía saltar de un lado a otro, pero Mick quería que estuviese afinado.

13 de agosto de 1976,
Rehearsals Rehearsals, Camden
(presentación solo para periodistas)

JOE: Bernie organizó una presentación para los periodistas en nuestro local de ensayo. Estaban John Ingham y Caroline Coon, gente que indagaba más de lo normal para dar publicidad al punk, lo cual era una tarea ardua. Para ellos habría sido más fácil ignorarnos y seguir escribiendo sobre Grand Funk Railroad o algo así. Recibieron algunas críticas por hablar de nosotros. Tony Parsons fue otro que también estuvo allí al principio.

MICK: Tuvimos que dar al local de ensayo más de una mano de pintura. Recuerdo que pasamos días dándole a la brocha y escuchando reggae rastafari, que era la banda sonora del momento.

JOE: Bernie nos hizo pintar el local de ensayo antes del concierto, y no teníamos más ropa que la que llevábamos, o la que conseguíamos en las tiendas de segunda mano. Había pintura por todas partes, y creo que fue eso lo que dio a Paul la idea de salpicarnos con ella los zapatos y los pantalones para darles un poco de vida. También nos otorgó cierta identidad, y aparecimos resplandecientes, cubiertos de pintura. En la misma calle de Rehearsals Rehearsals estaba la gente que le pintaba a Bernie los coches con spray, así que recurrimos a ellos para que nos decoraran a pistola las guitarras y los amplificadores, las chaquetas, las corbatas, las camisas y los zapatos. Debíamos de tener una pinta bastante chocante cuando subimos al escenario, o tal vez un poco ridícula.

MICK: Para el segundo concierto llevábamos unas corbatas muy finas y chaquetas más o menos elegantes, pero las habíamos salpicado de pintura. Paul estableció una conexión entre el *dripping* de Jackson Pollock y el hecho de que nos rociáramos con pintura.

PAUL: Un día iba paseando por Denmark Street y vi a Glen Matlock. Llevaba lo que en principio me parecieron unos pantalones estampados de Laura Ashley, pero cuando observé de cerca, me recordaron más a Jackson Pollock. Me di cuenta de que los había salpicado de pintura. Así que, con una mentalidad picassiana, es decir, tomando una idea y llevándola más allá, volví a Rehearsals Rehearsals y me rocié los zapatos con pintura al esmalte. Como quedaron bastante bien, cogí una camisa negra e hice lo mismo con otra pintura. Todo era cuestión de tener en cuenta las texturas [risas]. Siempre comentábamos abiertamente nuestras ideas, así que solo necesitaba hacer unas cuantas cosas para que Mick y Joe vieran de qué iba y se pusieran manos a la obra. Al final pintamos con spray nuestras guitarras y luego Bernie me facilitó unas plantillas que utilizaba para estampar palabras en las chaquetas y las camisas.

**29 de agosto de 1976,
Screen on the Green,
Islington, con los Sex Pistols
y The Buzzcocks.**

JOE: A veces tomábamos speed antes de un concierto, pero no teníamos mucho dinero para ese tipo de cosas. En aquel momento, Keith seguía en el grupo y siempre llevaba un poco, pero no era demasiado bueno para cantar, porque se te secaba la garganta. Como droga para una actuación resultaba bastante inútil.

MICK: Creo que no tocamos muy bien en Screen on the Green porque nos pasamos el día vigilando nuestro equipo y viendo *The Outlaw Josey Wales*. Era un domingo y tuvimos que esperar hasta la una de la madrugada para tocar y, además, tuvimos que montar el escenario, así que cuando empezó la actuación estábamos un poco hechos polvo.

PAUL: Creo que llegamos a una especie de acuerdo por el cual teníamos que colgar carteles del concierto Screen on the Green y montar el escenario, pero no recuerdo haberlo hecho. Puede que alguien me diera unos pósters y los tirara a la basura. No estaba dispuesto a colgar carteles si no eran míos. No entendía por qué habíamos sonado tan mal y luego llegaron los Pistols y estuvieron fantásticos. Resulta que utilizaron el viejo truco de amplificarnos solo un poco. Supongo que nos tenían miedo, o quizá tuvo algo que ver con las diferencias entre Bernie y Malcolm.

JOE: No tocamos muy bien aquella noche porque habíamos montado el escenario. A las ocho de la mañana descargamos el andamiaje de un camión y nos pusimos a montar. Yo formaba parte del grupo contratado para pasarse todo el día vigilando el equipo que había apilado debajo del escenario. Vi *The Outlaw Josey Wales* tres veces, y a la mitad del tercer visionado, justo cuando empezaba a entrar en coma, saltaron dos chavales desde la primera fila, se colaron debajo del escenario, agarraron un amplificador, y salieron por piernas. Pero como estábamos en posición, salimos pitando detrás de ellos y les dimos caza antes de que llegaran a la salida. Les quitamos el amplificador y los echamos a patadas a la calle. Cuando llegó el momento del concierto, estaba absolutamente agotado y tocamos mal, pero los Pistols estuvieron geniales.

31 de agosto, The 100 Club, Londres, con los Sex Pistols.

JOE: Desde mediados de los años sesenta intentaba llevar siempre conmigo un transistor para poder escuchar las emisoras piratas durante las pausas en la escuela. En el 100 Club, donde actuamos como teloneros de los Pistols, decidimos que, como éramos punks, no hablaríamos con el público. Nos limitaríamos a tocar y enlazaríamos una canción con la siguiente. Aquello estaba muy bien siempre que no tuvieras que parar, pero a Keith Levene se le rompió una cuerda y se produjo una pausa horrible. Nos encontrábamos en un club con trescientos o cuatrocientos lunáticos borrachos como cubas y echando espuma por la boca, y no podía plantarme allí y quedarme mirando, habría sido ridículo. Así que cogí el transistor de encima del piano, donde lo había dejado mientras tocábamos, lo encendí y lo sostuve frente al micrófono. Resulta que estaban emitiendo un boletín informativo o un debate sobre el IRA y la campaña de atentados que estaba llevando a cabo en Londres. Dave Goodman, el ingeniero de sonido de los Pistols, tuvo el tino de aplicar al micrófono un moderno eco al estilo dub, así que el locutor decía:

"Bomba-bomba-bomba, Piccadilly-Piccadilly-Piccadilly", y llenó tan bien la pausa que se ha convertido en una especie de leyenda del punk. Fue cuestión de suerte, pero después del concierto abandonamos esa postura y empezamos a comunicarnos con el público.

PAUL: Años después, alguien me contó que Malcolm había invitado a unos estadounidenses al 100 Club aquella noche para que vieran a los Pistols, pero nos vieron a nosotros y se fueron a casa pensando que éramos ellos. «Sí, ha sido un espectáculo fantástico, pero no sabíamos que llevabais dos guitarristas», le dijeron a Malcolm. Debió de ser difícil para Malcolm confesarles que habían visto al grupo equivocado.

5 de septiembre de 1976, The Roundhouse, Camden, Londres, con Kursaal Flyers y Crazy Cavan

PAUL: El concierto en el Roundhouse fue interesante, porque la sala se encontraba en la misma calle donde ensayábamos. Solía ir allí con Joe y nos encaramábamos a lo alto del tejado para buscar una manera de colarnos. Fuimos a ver a los Runaways y a Patti Smith, pero no nos dejaron entrar. Creo que el promotor no quería punks allí, por lo que fue divertido conseguir tocar en aquel recinto. El problema es que no se oía nada de lo que decía el público. Alguien gritaba "wa, wa, wa" y el público se reía, pero nosotros no sabíamos qué les hacía tanta gracia. Aquél fue el último concierto que Keith dio con nosotros.

MICK: Keith abandonó el grupo después de aquel concierto porque no se dignaba a venir a los ensayos. Recuerdo que dijo exactamente: "No puedo tomarme la molestia de asistir a los ensayos", y Joe le respondió: "Pues entonces no te molestes en volver nunca más, joder".

PAUL: No estoy seguro de por qué se marchó Keith, pero en el escenario solía colocarse a mi lado, lo cual era estupendo para mí, aunque Bernie siempre decía: "Ponte más atrás, Paul". Yo le ignoraba y le decía: "No pienso hacerlo si pretendo ser Pete Townshend", y me quedaba en primera fila. Cuando Keith se fue me vino muy bien, porque tenía mi espacio en el escenario y ya no necesitaba compartirlo con nadie.

**20 de septiembre de 1976,
The 100 Club, Londres.
Festival punk con los Sex Pistols,
Subway Sect, Stinky Toys
y Siouxsie & the Banshees**

JOE: En el 100 Club se celebró un festival punk bastante importante porque congregó a todo el mundo en una misma sala por primera vez. Y fue históricamente relevante porque actuaron Siouxsie & the Banshees con Sid Vicious a la batería. Vimos por primera vez que los punks teníamos algo, que no estábamos solos.

MICK: En el momento de aquella actuación las cosas habían empezado a cobrar fuerza. Se habían publicado algunos artículos y reseñas, y la gente había comenzado a descubrir el punk. Por fin parecía que algo estaba ocurriendo.

PAUL: El concierto era nuestro, así que no nos acribillaron a botellazos y nadie quiso subirse al escenario a pegarnos. Fue genial que todo el mundo estuviera de nuestra parte; fue como un concierto normal. Sin mayor aliciente, tan solo unos cuantos grupos tocando sus canciones.

28 de octubre de 1976, ICA, Londres, con Subway Sect

PAUL: Era un buen lugar para tocar. Bernie y yo solíamos frecuentarlo mucho. La noche que actuamos, Shane [MacGowan] y Mad Jane tuvieron una pelea, y a Shane le arrancaron un trozo de oreja. Había sangre por todas partes. Entonces, alguien se subió al escenario y pensé: "¿Quién es ésta? Voy a tener que echarla a patadas de aquí", y resultó que era Patti Smith.

PAUL: Después del concierto, Patti me invitó a comer en su hotel y, como estaba muerto de hambre, acepté, por supuesto. Además, me regaló un mono y el billete de cien dólares con el que le compré otro a Joe. Fui con ella y el grupo a Birmingham y los teloneros eran The Stranglers. Se sorprendieron mucho al verme. "¿Qué haces por aquí, tío?", me preguntaron, y yo contesté: "Estoy con el grupo", y seguí caminando.

5 de noviembre de 1976, Royal College of Art (A Night of Treason)

PAUL: Justo antes del concierto A Night of Treason salimos a colgar carteles. En aquel momento no cobraba el paro y estaba famélico. Volvimos a Rehearsals Rehearsals, donde yo vivía, y puede que Joe también pasara allí la noche, no lo sé. El caso es que tenía tanta hambre que cogí una pelota enorme de harina y agua de un cubo, preparé un pastel, lo puse en el extremo de una sierra que Bernie había dejado por allí, y lo sostuve encima del fuego. Lo cociné y me lo comí. Nadie más quiso probarlo, pero a mí me daba igual. Tenía hambre.

PAUL: El concierto fue difícil porque no teníamos al público de nuestra parte. Recuerdo que en el escenario centelleaban los cristales de las botellas que nos habían tirado. Terry Chimes colocó los platos casi en posición vertical, de modo que el público no pudiera verle.

PAUL: Aquel concierto fue uno de los motivos por los que siempre me movía de un lado a otro en el escenario. Nos acostumbramos a esquivar objetos volantes. Mientras tocábamos, Joe y yo vimos a unos tipos peleándose entre el público, así que bajamos, soltamos unos cuantos puñetazos y volvimos al escenario. Sid estaba allí esa noche, a un lado del escenario, y bajó a pelear con nosotros. Le pregunté a Mick por qué él no lo había hecho, y respondió: "Bueno, alguien tiene que seguir afinado".

HOMBRES DE LUCHA CALLEJERA

JOE: Sé que en Estados Unidos se considera ridículo el pelear a muerte por una prenda de ropa, pero en estas islas es otra historia. Los *teddy boys* eran roqueros, bautizados así por su vestimenta eduardiana, y llegaron los punks y adoptaron sus chaquetas, que eran preciosas —con mangas largas y solapas de piel de topo—, las rasgaron y les añadieron imperdibles. Johnny Rotten era particularmente bueno decorando chaquetas. A los *teddy boys* no les gustaban los punks porque consideraban irrespetuoso lo que éstos hacían con su ropa. Supongo que estaban en lo cierto. Y durante el verano de 1976 era bastante peligroso caminar por las calles de Londres vestido de punk, sobre todo los sábados por la tarde en King's Road, aunque había roces con los *teddy boys* todos los dias. Sin embargo, aquella fue su última batalla y salieron derrotados. Ellos representaban lo anticuado y los punks lo novedoso, y jamás se produciría una contienda real.

81

PAUL: Dimos un concierto con Shakin' Stevens en la Universidad de Londres y había *teds** por todas partes. No les gustamos en absoluto. Después del bolo, estábamos en el camerino y unos cuantos *teds* intentaron entrar buscando pelea. Joe rompió unas latas de Coca-Cola por la mitad para que tuviéramos un instrumento afilado en cada mano. "Venga, pasad", les dijimos, y abrimos la puerta, pero cuando entraron y vieron las latas se dieron cuenta de que acabaríamos con ellos y salieron de allí.

MICK: No sé si éramos conscientes de que el punk representaba una vía de escape para nuestra ira. Había muchas cosas que denunciar y no se habían proclamado de aquella manera hasta el momento. Lo que escribíamos se inspiraba en lo que aparecía en los periódicos. Incluso el nombre surgió de la prensa. A Paul se le ocurrió el nombre de The Clash porque lo veía continuamente en los periódicos. Representaba por igual cómo nos sentíamos y cómo sonábamos.

PAUL: Conocí a Sid (Vicious) en un concierto de los Pistols, nos caímos muy bien y empezamos a salir juntos por ahí. Un día, Viv Albertine nos dio a Sid y a mí cinco libras para hacer la compra para la casa ocupada de Davis Road en la que vivíamos, así que fuimos al supermercado y llenamos dos cestas cada uno. Nos dejamos llevar. Compramos todo lo que quería Viv y algunas cosas más, y luego salimos por patas de la tienda. Nos persiguieron un rato y nos escondimos en un jardín y comimos galletas hasta que pasó todo. Después volvimos a la casa y de camino allí deliberamos si debíamos quedarnos con el dinero y repartírnoslo, pero entregamos toda la compra y las cinco libras a Viv. Era una especie de código de honor entre ladrones.

* Abreviación para *teddy boys*.

JOE: Al principio, la relación entre los Pistols y los Clash era muy buena, y no se deterioró hasta que Malcolm se dio cuenta de que al obtener más actuaciones nos haríamos más famosos y eso no les gustó, sobre todo cuando nosotros seguíamos dando conciertos. Probablemente creyeron que estábamos birlándoles la primicia y se generó cierta animosidad. Pero aquella fue la mejor época del punk rock y tenías que competir con los demás porque había muchos enemigos ahí fuera. Actuábamos en escuelas de arte y el público nos lanzaba botellas de vino e intentaba abrirnos la cabeza. No encuentro palabras para expresar hasta qué punto la gente estaba en contra del punk. No eran solo los *teddy boys*. Era algo increíblemente atroz y peligroso. En aquella época, todos los grupos se cerraban en banda.

BERNIE RHODES

JOE: Cuando conocí a Bernie no sabía que tuviese alguna relación con Malcolm McLaren, ni que hubieran creado una línea de camisetas y ropa. No conocía nada de su vida anterior y hasta mucho después no descubrí que él y Malcolm habían reñido. La cuestión era que Malcolm tenía a los Sex Pistols, así que Bernie pensaba encontrar su propio grupo y demostrarle a Malcolm que se había equivocado.

MICK: Bernie tenía unas cuantas camisetas en las que aparecían dos vaqueros [ambos con el pene al aire] y otras cosas, y hubo un problema con la policía, que pretendía confiscarlas todas, así que Bernie me pidió que escondiera las serigrafías y algunas camisetas. Las llevó al piso de mi abuela y las ocultó debajo de la cama. Fue una de las primeras cosas que hice con él.

JOE: Bernie fue el mentor. Creó a los Clash y concentró nuestras energías, y nosotros le recompensamos siendo muy buenos en lo que hacíamos. Fue Bernie quien nos dijo que escribiéramos sobre lo que conocíamos, es decir, sobre aspectos domésticos, sobre las carencias educativas o sobre un futuro truncado por malgastar tu vida trabajando. Si Bernie no nos hubiera presentado, aunque nos hubiéramos conocido de todos modos, dudo que hubiésemos cuajado de la misma manera. Era un tío inteligente y nosotros parecíamos cargas de dinamita que podían estallar en cualquier dirección.

PAUL: Solía pasar mucho tiempo con Bernie hablando de diseño gráfico y de ropa. Él metió a John en los Pistols y decía que siempre elegía la camiseta imperfecta. Bernie también nos encontró Rehearsals Rehearsals y pasé allí una buena temporada. Los fines de semana no iba nadie por allí y no cobraba el paro, así que dependía del dinero de Bernie para comprar comida. Me daba una libra semanal, más o menos, y durante un tiempo viví a base de café y mucho azúcar.

JOE: Corría el rumor de que Bernie había dirigido un concesionario Renault, pero no era cierto; simplemente vendía Renaults de segunda mano en su patio trasero. Compraba un coche, lo arreglaba, lo vendía y volvía a comprar. Vivía de la venta de Renaults.

PAUL: Bernie era bastante listo. Metió a John en los Pistols y a mí en los Clash, y ninguno de los dos éramos músicos. Tenía esa habilidad para elegir a determinados personajes y ponerlos en situaciones que supusieran un desafío, en lugar de meter a un montón de musas en una misma sala. Tengo que estarle muy agradecido por ello.

JOE: Bernie era el único de los nuestros que comprendía cómo debíamos darnos a conocer. Por eso su orientación fue de crucial importancia.

EL HOMBRE BATERÍA

JOE: Debimos de probar a todos los bateristas de Londres que tenían una batería. Creo que contamos 205 bateristas en total, y todos los que aparecieron en un grupo durante los diez años siguientes se presentaron a nuestras pruebas en algún momento. Todos aquellos nuevos románticos como Rusty Egan (que formó Rich Kids con Glen Matlock y luego Visage) y John Moss (Culture Club), todos los bateristas en ciernes realizaron las pruebas con nosotros en Camden.

MICK: Conocimos a Topper en una de las primeras audiciones. Era muy bueno y queríamos que formara parte del grupo, pero no aceptó, supongo que porque no estábamos lo bastante rodados aún para él, así que se dedicó a otras cosas.

JOE: Pablo Labritain solo tocó con nosotros durante una semana, porque en aquel momento vivía en Sussex, en la granja de su padre, y la cosa no funcionó.

MICK: No podíamos trabajar con cualquier baterista, y Terry Chimes estuvo con nosotros desde el principio. Tocó en el primer LP, pero se marchó antes de que se editara.

JOE: A Terry Chimes le alucinaba un poco nuestra conducta lunática, excesiva y estalinista, porque estábamos decididos a no ser como los grupos que imperaban en aquel momento, las grandilocuentes bandas de rock de estadio. Terry, como admitiría después, se interesó por la música para poder permitirse un Lamborghini deportivo. No estaba preparado para lanzarse al seno de esta panda de perros lunáticos y rabiosos.

PAUL: En realidad, Terry Chimes nunca llegó a formar parte del grupo. Estaba allí y tocaba la batería, pero teníamos muchas discrepancias sobre nuestra vida y sobre lo que nos afectaba. Le preguntamos a Terry qué quería hacer si ganaba algo de dinero, y él respondió: "Comprarme un Lamborghini". "No sé qué es eso de un Lamborghini", le dije. Pensaba que se trataba de un periquito o algo así. Tampoco salía mucho con nosotros.

JOE: Terry se fue justo antes de comenzar la gira *Anarchy in the UK*, a finales de 1976. Nos dijo: «No soporto todo esto. Me largo». Para mí fue como el tiro de gracia, porque Terry Chimes era un batería brillante. Anduvimos perdidos, absolutamente perdidos, hasta que encontramos a Topper.

MICK: Volvimos a ver a Topper en un concierto que dieron los Kinks en el Rainbow. En aquel momento ya éramos conocidos, así que le pregunté si quería tocar con nosotros y aceptó.

PRIMERA SESIÓN DE GRABACIÓN, MEDIADOS DE NOVIEMBRE DE 1976

JOE: Bernie Rhodes había salido mucho con Guy Stevens en los años sesenta, cuando Guy grababa a Free, Mott the Hoople, Procol Harum y grupos de ese estilo. Así que Bernie trajo a Guy, que bebía mucho en aquella época. Fuimos a un estudio de Polydor, cerca de Oxford Street, y registramos demos para unas seis canciones. Era la primera vez que grabábamos y los resultados fueron un tanto decepcionantes. Teníamos un grupo muy enérgico, pero por alguna razón sonaba plano y aburrido. Creo que Guy no dio la talla, no funcionó demasiado bien.

MICK: Solía ver a Guy en los conciertos de Mott the Hoople, y lo conocí en uno de ellos. Más tarde, Bernie consiguió que viniera a un local de ensayo a verme cantar con un grupo en el que estaba en aquel momento. Le gustó y dijo que intentaría hacer algo por nosotros. El problema es que querían un teclista en lugar de mi guitarra rítmica, y yo era el miembro menos experimentado del grupo, así que me echaron. Entonces conocí a Tony James.

JOE: Fue una debacle.

MICK: Polydor nos organizó la grabación de algunas demos, y Bernie propuso que intentáramos trabajar con Guy Stevens. Grabamos cuatro o cinco temas, los que tocábamos primero en nuestros directos. Creo que Guy se fue al pub y no volvió, así que no tengo ni idea de cómo se terminaron las demos.

PAUL: No recuerdo que Guy Stevens estuviera allí, pero el ingeniero no dejaba de insistir a Joe que tuviera cuidado con las «p» y las «q», lo cual era ridículo, como si Joe tuviese que pronunciar cada sílaba. Realmente fue un desastre absoluto.

MICK: Me encantaba la idea de entrar en el estudio, y probablemente resultó abrumador. No me fijé en nada con demasiado detalle porque me dejé llevar por todo aquello.

CANCIONES GRABADAS:

«White Riot»
«London's Burning»
«Career Opportunities»
«Janie Jones»
«1977»

Todos los temas grabados en Polydor Studios, noviembre de 1976

Joe Strummer (guitarra rítmica, voz),
Mick Jones (guitarra, voz), Paul Simonon (bajo),
Terry Chimes (batería). Producido por Guy Stevens.

GIRA ANARCHY IN THE UK,
1-26 DE DICIEMBRE DE 1976
(AMBAS FECHAS INCLUIDAS)

JOE: Terry Chimes se fue justo cuando estaba a punto de dar comienzo la gira *Anarchy*, y le encontramos sustituto, un caballero llamado Rob Harper. En la gira participábamos los Sex Pistols, los Clash, los Heartbreakers y en ocasiones los Damned. Fue la primera gira nacional punk, aunque gran parte de ella fue cancelada porque [los Pistols] soltaron tacos en un programa televisivo que se emitía en directo a primera hora de la noche. Como las palabrotas coparon todos los periódicos sensacionalistas, creo que solo prosperaron nueve de unos treinta conciertos en total.

MICK: En la gira *Anarchy* aprendimos muchas cosas de los Heartbreakers, como la manera de dar un botellazo a la gente cuando mira hacia otra parte...

JOE: Aunque hubo muchas cancelaciones, el tour situó el punk en el mapa, y ahora cualquier camionero, albañil, abuelita o tío sabía qué era el punk rock gracias a esas palabrotas en un programa televisivo nocturno.

MICK: La explosión del punk llegó con el programa de televisión de Bill Grundy. Hubo un camionero que destrozó su televisor cuando aparecieron los Pistols, y todo aquello empezó a afectarnos. Muchas fechas de la gira *Anarchy* se cancelaron por culpa suya, pero el punk se convirtió en un fenómeno de masas.

JOE: Nos entrevistó Janet Street Porter para un informativo nocturno (de la cadena LWT) y mostramos una actitud poco apropiada, porque éramos un grupo sin contrato discográfico que aparecía en uno de los pocos canales que tenían en Gran Bretaña. En aquel momento era bastante difícil salir por televisión, pero no parecía importarnos, y eso se notaba. Sin embargo, aquélla era la actitud del punk.

PAUL: Durante aquella gira siempre parecía ser de noche. Creo que era porque llegábamos a un lugar para dar un concierto y se cancelaba, así que nos dirigíamos a nuestro siguiente destino. Recuerdo que estuvimos en la misma habitación con los Pistols, esperando a que nos trajeran bocadillos, cervezas o algo así.

JOE: Los Damned habían editado *New Rose* antes de que los Pistols sacaran ningún disco, y se produjo un enfrentamiento entre nosotros en torno a la solidaridad punk. Fue a los Pistols a quienes se les prohibió tocar porque habían dicho procacidades en televisión y no pensábamos actuar en ningún sitio donde se les hubiera vetado. Los Damned decidieron tocar de todos modos y generaron división. Al poco estábamos todos de uñas.

PAUL: La primera noche que llegamos a un hotel tuvimos que repartirnos en habitaciones dobles y alguien preguntó: "¿Quién compartirá habitación con John?", y se hizo un silencio. Estuve a punto de ofrecerme, porque me caía bien, pero Mick se había emparejado con Glen Matlock, y pensé que sería mejor compartir habitación con Joe para mantener una sensación de unidad.

MICK: Yo solía seguir a los grupos a todas partes, y Rod Stewart nos decepcionó, porque nunca mantuvo relación alguna con los fans. Me sentí traicionado por él porque se había vendido. Siempre he pensado que si te encuentras en esa situación no debes creerte el tío más importante del mundo. Recuerda siempre cómo se siente uno al ser un aficionado.

PAUL: Llegamos a Caerphilly y había un montón de gente fuera del recinto entonando himnos e impidiéndonos el paso. Steve Jones miró por la ventana y dijo: "Ahí fuera hay un tío que lleva la cara envuelta con un plátano". Cuando miramos, vimos a un tipo con gafas de sol de color amarillo chillón y nos hizo gracia. Resulta que era Steve Strange.

JOE: Ninguno de nosotros había salido jamás de gira y estábamos decididos a no ser un grupo de estadio, con los que el *backstage* está protegido por matones y necesitas un pase para entrar y tomarte una cerveza. Después de los conciertos permitíamos que el público tuviera acceso al *backstage*, ya que formaba parte del espíritu del momento. Te hacía mantener los pies en la tierra.

MICK: Siempre dejábamos entrar a los fans por la puerta trasera o por la ventana, y luego venían al camerino. Siempre queríamos conocer a gente, porque no estábamos distanciados de ellos; ese contacto personal era muy importante. Con frecuencia les permitíamos hospedarse en nuestras habitaciones o les facilitábamos una y se acomodaban quince aficionados o más allí dentro.

En 1976, después de dejar a los 101 'ers, Joe Strummer se cortó el pelo, tomó prestado algún ropjaje y asimiló consejos sobre moda de los nuevos compañeros de banda Mick y Paul. Saliendo del sótano del *squad* donde practicaba su nueva banda, Joe fue fotografiado por el ex 101 'er Julian Yewdall en su nueva encarnación cual roquero punk. © Julian Yewdall

Mick fotografiado en el backstage en un bolo a principios de 1976, con una de las camisetas pintarrajeadas con spray por Paul.
© Ian Dickson / Redferns

Nicky "Topper" Headon solo fue miembro de una banda, The Clash.
© Julian Yewdall

Paul (izquierda) hablando con Kris Needs, entonces editor de la revista *Zigzag*, una revista de música otrora hippie que se reinventó bajo la dirección de Needs para, al poco, convertirse en un fanzine punk y en el primer gran defensor de la banda. © Ian Dickson / Redferns

(De izquierda a derecha) Joe, Mick y Paul. Las salas de ensayo del grupo formaban parte de los antiguos edificios ferroviarios cuya parte trasera daba al Roundhouse, en Camden Town. Los edificios industriales victorianos en descomposición de la zona proporcionaron un telón de fondo duradero a la imagen de la banda. El cabello recién teñido y la ropa punk de Joe lo hacen casi irreconocible a los ojos de los fans de su anterior banda, los 101'ers. © Sheila Rock / Rex Features

Póster original para el concierto *Noche de Energía Pura* celebrado en el Instituto de Arte Contemporáneo de Londres.

Los músicos jamaicanos de la década de los setenta mostraron una gran fascinación por los westerns que se reflejó en canciones e incluso películas (como *The Harder They Come*). The Clash se empapó de manera similar a base de películas occidentales y estadounidenses que retrataban la omnipresente obsesión por el culto a lo paramilitar. Paul posa con una pistola de aire comprimido junto a Joe y Mick en los ensayos. © Urbanimage. TV / Adrian Boot

Terry Chimes actúa con The Clash por última vez. Foto tomada en el Coliseo de Harlesden el 11 de marzo de 1977 cuando la banda lideró el cartel, con Subway Sect, Buzzcocks y The Slits. El baterista dejó la banda poco después. © Julian Yewdall

WHITE RIOT

Carnaval de Notting Hill, 31 De agosto de 1976

«Una cosa es decir "quema los coches, quema el gueto", y otra bien distinta prenderle fuego a un automóvil.» JOE

PAUL: Joe, Bernie y yo fuimos a Portobello Road, bajo la Westway, durante el Carnaval. No sé dónde andaba Mick. Andábamos por allí escuchando música cuando aparecieron dos brigadas policiales, agarraron a un par de tíos e intentaron llevárselos, pero ellos gritaban que no tenían nada que ver. Una persona que tenía junto a mí mencionó algo sobre unos carteristas. Al cabo de un minuto, empezaron a arrojar vasos de papel y latas a la policía. Después pasaron a los ladrillos, porque había algunas obras cerca de allí, y de repente había policías por todas partes cargando contra la multitud.

Todo el mundo echó a correr, incluso gente con bebés en sus cochecitos, y a nosotros nos acorralaron contra una valla y las gafas de Bernie salieron volando. Joe tropezó y cayó al suelo y la policía se echó atrás.

Después de eso todo explotó. Había zonas prohibidas para la policía y controlábamos aquellas calles. La comisaría se encontraba en la cima de la colina y sus furgonetas tenían que pasar frente a nosotros para llegar hasta allí. Cuando circulaban por delante de nosotros, la gente les lanzaba ladrillos y destrozaba las ventanillas. Era como disparar a las palomas.

En un momento dado, un policía a lomos de una motocicleta vino en nuestra dirección a toda velocidad, lo cual me pareció bastante valiente por su parte, pero cogí una baliza, corrí hacia él y se la arrojé. Le alcancé en la rueda y el policía saltó por los aires. Yo estaba muy exaltado por todo aquello, como todos los demás.

Pero así eran las cosas. Los negros siempre habían sufrido acoso. Desde que era niño, como iba a fiestas Blues, siempre había algún blanco que se metía conmigo.

Lo que sucedió con la revuelta es que, por alguna razón, te sentías aliviado al sostener aquel ladrillo y lanzarlo.

Hubo un momento en que Joe y yo tratábamos de incendiar un coche. Unos chavales lo habían intentado y fracasaron. Cogimos una camisa vieja, la metimos debajo del coche e intentamos prenderle fuego, pero no había manera, hasta que de repente se puso a arder y salía humo por todas partes.

Recuerdo que vi a un tipo blanco vestido de payaso escondido en un sótano mientras se arrojaban ladrillos, y parecía tremendamente asustado.

Por los callejones había una serie de generales rastas que controlaban los acontecimientos, y enviaban a gente a atacar en distintas zonas. Siempre estaban preparados para la policía y la hacían retroceder en cuanto intentaba dar un paso al frente.

En un momento dado, Joe y yo nos vimos acorralados por unos niños que intentaron atracarnos, probablemente porque éramos blancos y nos encontrábamos en mitad de aquellos altercados. Nos registraron y, por supuesto, en los bolsillos no llevábamos ni un duro, solo ladrillos. Entonces llegó un general rasta que había visto lo sucedido y ordenó a los chavales que se largaran y nos dejaran en paz. Fue en ese momento cuando me di cuenta de que aquello no era asunto nuestro, que no era nuestra historia.

Nos fuimos de allí, pero regresamos aquella noche con Sid (Vicious). Queríamos ir al club negro, el Metro, pero a medida que avanzábamos la gente nos decía que no continuáramos. Cerca del club, alguien nos advirtió:

"Noooo, no vayáis allí o sois hombres muertos", y respondimos: "Tienes razón", y aquello fue todo.

Fue una experiencia fantástica para Joe y para mí; durante un buen rato nos las compusimos como pudimos corriendo de un lado a otro. Quedamos con Mick al día siguiente y Joe escribió «White Riot» aquella misma noche.

Varias personas hicieron fotos de los disturbios. Uno de ellos, Rocco, era un español, y Bernie estaba ansioso por utilizar sus instantáneas para nuestros discos, carteles o lo que fuera. Acabamos utilizando una para la portada de Black Market Clash, en la que aparece Don Letts caminando hacia una hilera de policías.

JOE: Cada año se celebra un carnaval en Londres. Lo iniciaron los inmigrantes procedentes de Jamaica en 1957 o 1958 en Notting Hill, que en aquel momento contaba con la población más nutrida de jamaicanos. Las viviendas eran baratas, y los metieron en chabolas y los timaron, así que para sentirse mejor crearon el Carnaval. Pero en verano de 1976 la comunidad negra había sufrido una enorme presión policial. Creo que estábamos allí cuando lanzaron el primer ladrillo. Paul, Bernie y yo íbamos caminando con ellos y entre la multitud empezó a avanzar un cordón policial. En aquella época no habían aprendido aún a mantener su presencia entre las masas con la discreción debida. Se mezclaron entre la multitud con sus cascos de *bobbies*, cosa que me parece un poco estúpida. Y cuando ves una hilera de policías en medio de un Carnaval resulta todavía más absurdo. Alguien les arrojó un ladrillo y se desató el infierno. ¡De verdad, aquello era un infierno!

La multitud se disgregó y nos empujaron contra una alambrada que había alrededor de un enorme agujero que estaban excavando. Estuvimos a punto de caernos dentro. Todo el mundo empezó a tirar escombros a la policía, y es lo que había que hacer, porque las fuerzas del orden eran intolerables y no había ningún tipo de compensación por su conducta. Era tu palabra contra la de un policía, y un juez nunca te creería. Era un Estado policial. Bueno, todavía lo es.

Pero en aquel momento la gente estaba muy harta, y eso es lo que sirvió de inspiración para «White Riot». Nosotros participamos en el motín, pero en todo momento fui consciente de que aquella revuelta era de los negros, porque tenían un interés personal y más valor para emprender acciones. Después de la revuelta me senté y escribí la letra. La canción, pese a su torpeza, intenta exhortar al hombre blanco y hacerle entender que si pretendemos hacer algo al respecto, tendremos que convertirnos en anarquistas o activistas. No podemos sentarnos y dejarnos maltratar por la sociedad. Aquellos disturbios fueron el día más importante de nuestras vidas. Vi a un policía motorizado que recorría Ladbroke Grove mientras la gente le arrojaba cosas. Uno de los nuestros le tiró un cono de tráfico y lo único que pudo hacer aquel agente fue seguir adelante. La gente volcaba coches y les prendía fuego, así que decidí hacerlo yo también, lo cual fue absurdo. Nos encontrábamos junto a un coche con una caja de cerillas Swan Vesta, y una cosa es decir «quema los coches, quema el gueto», y otra bien distinta prenderle fuego a un automóvil. Las cerillas se apagaban con el viento y no había manera de incendiarlo. Fue cómico, al menos en parte. La cosa se prolongó hasta bien entrada la noche y fue una jornada increíble. No podían controlarlo. Ladbroke Grove ardió.

«En realidad el disco que más
me gusta es el primero.»

MICK

1977

La primera edición de la revista *Sounds* de aquel año, con fecha 1 de enero de 1977, y al módico precio de quince peniques, mostraba una fotografía en portada de Mick, Paul y Joe con las palabras: "CLASH, nuestra elección para 1977". Solo habían logrado dar siete conciertos durante la gira *Anarchy in the UK* de 1976. Se habían cancelado otras dieciocho actuaciones o se habían cambiado de día o de sala. Su último concierto de 1976, previsto para el 26 de diciembre en el Roxy Theatre de Harlesden, también se había suspendido. Sin embargo, quienes habían visto a The Clash en directo, entre ellos numerosos periodistas y aspirantes a críticos de rock que se sintieron inspirados a fundar sus propios fanzines, quedaron impresionados por la energía, el compromiso y los fantásticos temas del grupo.

Su aspecto moderno también ayudó, como confirmaba una crítica de la revista *Sounds* del concierto de marzo de 1977 en el Harlesden Coliseum, escrita por Vivien Goldman: «Los elementos visuales de los Clash (trajes de alta costura con cremalleras) son tan excitantes que no sé si su mayor activo es la música, las letras o la imagen (me atrevería a decir)». El mismo día en que *Sounds* convertía al grupo en sus estrellas de portada y en el mejor del año, The Clash era cabeza de cartel en la inauguración de una nueva sala punk en Covent Garden, Londres, llamada The Roxy.

JOE: El Roxy fue fundado por Andrew C especialmente para grupos punk y sus seguidores, y en un espíritu de solidaridad punk aceptamos dar el pistoletazo de salida el día de Año Nuevo. En aquel lugar se daba una fantástica interacción entre punks y rastas, ya que el DJ era Don Letts. Ponía muchas canciones reggae que no conocíamos. Era un lugar estupendo.

MICK: El Roxy abrió de manera oficiosa antes del 1 de enero, y Generation X ya había tocado allí, pero nosotros actuamos la noche de la gran inauguración y dimos dos conciertos.

JOE: El Roxy fue el comienzo para montones de bandas, centenares de músicos cuyos nombres no recuerdo. Slaughter and the Dogs empezaron tocando allí, de eso sí que me acuerdo.

JOE: La gente empezó a frecuentar el Roxy para formar parte de la escena ahora que copaba los titulares. Julien Temple era un estudiante de cine en la Beaconsfield Art School y fue allí a rodar. Entonces empezó a seguirnos por todas partes y grababa los ensayos.

EL DÍA EN QUE MURIÓ EL PUNK

JOE: Fichamos por Columbia Records el 27 de enero de 1977. Bernie Rhodes nos dijo que firmáramos el contrato y así lo hicimos. Supongo que lo repasó con su abogado, pero la verdad es que no tengo ni idea.

PAUL: Yo creía que íbamos a firmar con Polydor. Estábamos frente al edificio de Polydor en un taxi, pero en el último minuto, Bernie dijo: «De acuerdo, a Soho Square». Al cabo de nada habíamos firmado con CBS. Aquella tarde fuimos a ver *La batalla de Midway*, y esa misma noche soñé que bombardeaba Dingwalls.

MICK: No importaba con quien firmaras. Confiábamos en Bernie y ese tipo de cosas se las dejábamos a él. La mañana del contrato con CBS yo creía que optaríamos por Polydor.

JOE: No recuerdo el día en que entramos en la sala de juntas de CBS y firmamos. Maurice Oberstein (director general de CBS) debía de estar allí, y gracias a que él se movió para contratar a uno de esos malditos grupos punk, cosa que hizo frente a la oposición del resto de su compañía; fichamos por ellos.

MICK: No recuerdo haber firmado nada en concreto en CBS. No firmamos copias ni nada. Pareció terminar muy rápido. Supongo que Bernie no tuvo tiempo de organizar ninguna celebración, así que nos fuimos al cine.

PAUL: Después de aquello, Joe y yo deliberamos durante días sobre el contenido de las canciones, y dijimos que no volveríamos a tocar «Career Opportunities», porque ahora teníamos algo de dinero.

JOE: Firmamos por 100.000 libras, y en aquel momento nos pareció una fortuna, pero luego descubrí que lo que en principio era un acuerdo por cinco discos era, en realidad, un contrato por diez álbumes cuando reparabas en la letra pequeña, como ocurre en todas las historias de primerizos.

PAUL: Pero no cambió gran cosa, porque Bernie estaba a cargo del dinero y todos recibíamos veinticinco libras semanales, lo cual era mejor que la libra semanal que ganaba hasta entonces.

JOE: No recuerdo haber firmado un acuerdo de publicación. Ni siquiera sabíamos qué era eso.

MICK: No recuerdo haber tenido un contrato, no me acuerdo.

JOE: Dado que el punk era un movimiento popular, cualquier comentario corría como la pólvora en el seno de la comunidad. Mark P, que era una estrella del underground gracias a su fanzine *Sniffin' Glue*, escribió: «El punk rock murió el día en que los Clash firmaron con Columbia». Recuerdo que pensé: «Pero es que nosotros nunca hemos sido un juguete de tu propiedad». *Sniffin' Glue* fue el primer gran fanzine punk, y eso significaba que contábamos con nuestros propios comentaristas. Estábamos a años luz de la mayoría de los periodistas de la prensa musical, salvo John Ingham, Caroline Coon, Tony Parsons y Julie Burchill, que creían en aquello. Probablemente, sus compañeros de oficina se mofaban de ellos. Así que Mark P fundó *Sniffin' Glue*. Detrás llegaron millones más, pero era una escena fantástica porque ofrecía críticas punk a los grupos de ese estilo, y la gente podía obtener información sobre lo que estaba sucediendo, aunque viviera en Gales u otro lugar.

JOE: Imagino que los primeros aficionados pensaban: «Nosotros llegamos antes, esto era nuestro» y hablaban pestes de los nuevos grupos que aparecían en el punk. Mark P quería que continuáramos siendo un grupo casero, que prensáramos nuestros propios discos, cosa que hace la gente, pero nosotros queríamos salir de allí, llegar a Estados Unidos y ser globales. Alguien tenía que coger aquel toro por los cuernos y darle un meneo.

MICK: Estábamos muy abiertos a las aportaciones de los demás. Todos teníamos perspectivas distintas de lo que ahora se entendia por cultura popular, y fue la unión de todo la que lo hizo estallar.

JOE: Los Pistols habían fichado por EMI en aquel momento, y nuestro contrato con CBS otorgó credibilidad al punk en el pérfido negocio internacional de la música.

JOE: No obstante, avanzábamos demasiado rápido para percatarnos de los ataques de los fanzines. Dudo que hubiésemos hecho algo distinto, ni siquiera ahora.

THE CLASH, PRIMER ÁLBUM

PAUL: Cuando pienso en la palabra "Clash", me llama la atención porque nos encontrábamos en una situación de enfrentamiento permanente. Hasta cuando caminábamos por la calle, nuestra vida parecía un conflicto continuo. Había un choque de colores, un choque de gentes; es muy fácil de entender.

MICK: Para mí era muy emocionante hacer lo que siempre había querido. Fue estupendo.

JOE: En aquel momento no lo sabíamos, pero Iggy Pop y los Stooges habían grabado *Raw Power* en el estudio número tres de Whitfield Street, que era el más pequeño del que disponían los artistas de CBS. Era una sala muy básica y entramos allí a grabar nuestro primer disco.

MICK: No compusimos temas nuevos para el primer álbum. En realidad, fue una extensión de nuestro repertorio en directo de aquel momento. Fuimos durante tres o cuatro fines de semana y tocamos todas las canciones. Tal vez utilizamos algunas voces básicas y luego agregamos las pistas de voz.

PAUL: El primer disco se grabó tan rápido que a duras penas lo recuerdo. Entramos en el estudio, machacamos los temas y nos fuimos.

JOE: Una noche la policía nos detuvo a mí, a Mad Jane, a Roadent (*roadie* de The Clash) y a Mark Helfonment por andar alegres por Whitfield Street. La comisaría estaba solo a media manzana de los estudios de CBS y un policía nos dijo: "No quiero veros más por aquí". Después de aquello, en cuanto salía del estudio me iba directo a otra parte.

MICK: Nos gustaba ayudarnos mutuamente en la confección del disco. Yo no diría que compuse las líneas de bajo, pero hacía sugerencias a Paul. Al fin y al cabo, no sabía mucho más que él. Me las arreglaba sobre la marcha. Joe era el único que tenía cierta experiencia.

JOE: Aquel estudio debía de tener algo, porque finiquitamos el disco en tres fines de semana, más o menos, en cuatro sesiones diarias. Fuimos muy estrictos. Grabamos tal cual todas las canciones que tocábamos en directo. No utilizamos ningún truco de estudio.

MICK: No sé de dónde provenía nuestro sonido. Creo que refleja tu personalidad. Siempre vas a sonar a ti mismo, seas quien seas. Cuando toco estás oyendo toda mi vida.

PAUL: Cuando llegamos al estudio por primera vez había un tipo cantando «Blanca Navidad»... ¿Bing Crosby? Eso es. Se encontraba en el vestíbulo cuando entramos, lo cual fue un poco extraño. Creo que estaba allí para grabar un dúo con David Bowie.

MICK: A veces las cosas buenas suceden por accidente. Con «Police & Thieves» intentábamos interpretar una canción reggae con nuestro lenguaje. Era una canción que escuchamos continuamente ese año y tratamos de hacerla a nuestra manera.

JOE: CBS nos permitió seguir adelante. Nos proporcionaron un buen ingeniero, Simon Humphries, y Mickey Foote supuestamente debía asegurarse de que no aminoráramos el ritmo, porque estábamos muy satisfechos de que aquello no se convirtiera en algo «producido», como sucedía con muchos discos.

MICK: En el álbum hice bastantes arreglos, porque supongo que tenía talento para ello. Probablemente se debiera a que mi padre, además de ser taxista, era el director de una oficina de apuestas y era muy rápido con los números, cosa que yo heredé. Como la música es pura matemática, resuelves un poco el problema y luego pasas a la siguiente parte.

PAUL: Todas las canciones tenían una forma bastante definitiva, pero las letras podían modificarse. En un momento dado, Mick me apartó a un lado y me dijo: "Quiero que cantes este fragmento sobre las pensiones" en «Career Opportunities», y yo respondí: "No pienso cantar nada sobre las malditas pensiones". Joe vio dónde estaba el problema y cambió la letra, utilizándome como filtro.

MICK: Aprendí algo de música preguntando a la gente qué hacía, y cuando entramos en el estudio sentía curiosidad por cómo funcionaba todo, por el proceso de grabación de un disco. Quería conocer aspectos aburridos, como la compresión o cómo se conseguía que las cosas sonaran con más fuerza, y aprendía constantemente.

PAUL: Bernie y yo mantuvimos una reunión con el jefe del departamento artístico de CBS, y éste anunció: "Tengo una idea fantástica para la portada de vuestro disco". Nos enseñó una fotografía de una calle adoquinada con un par de botas viejas y raídas, y ya está. Teníamos que lidiar con ese tipo de cosas. Por suerte, contábamos con un equipo propio, así que nos encargamos nosotros.

JOE: Nos sentíamos quemados por la experiencia con Guy Stevens en las sesiones para Polydor, que acabaron sonando aburridas, así que hicimos que Mickey Foote y Mick supervisaran el resultado final.

MICK: Después de la demo de Guy Stevens, Joe hizo mucho hincapié en que no quería sonar como Matt Monro o algo así, en que no quería un sonido demasiado pulido, así que pusimos a nuestro ingeniero de sonido, Mickey Foote, a la mesa. Y la mezcla resultó mágica.

PAUL: Bernie y yo pasamos mucho tiempo examinando portadas de discos, sobre todo jamaicanas, que era la fuente de la que obteníamos mucha inspiración. Estábamos probando colores para la primera portada de The Clash en casa de Bernie y había mucho verde. A mí me gustaba. Parecía ligeramente militarista, y con la foto en blanco y negro resultaba llamativo. En la contraportada incluimos una foto de Rocco tomada durante los altercados del carnaval de Notting Hill y que Bernie había ampliado para utilizarla como telón de fondo cuando tocábamos en directo.

«Hate & War»

JOE: Escribí la letra en una vieja fábrica de helados abandonada situada detrás de Harrow Road en la que yo vivía de okupa. La compuse a la luz de una vela y al día siguiente la llevé a Rehearsals Rehearsals y Mick le puso música al momento. A Paul le gustó mucho.

«What's My Name»

MICK: Es una de nuestras primeras canciones, en la que habíamos trabajado Keith y yo antes de la llegada de Joe. Teníamos la música y los coros.

«Deny»

MICK: Teníamos parte de la canción antes de que entrara Joe. Chrissie Hynde probablemente ayudó con el final, la frase "What a liar". Ella escribía por su cuenta y yo por la mía, pero luego nos juntábamos para cantar.

PAUL: Mick y yo cantábamos los coros, "What a liar, what a liar", que no terminan nunca. Nos faltaba el aliento y empezábamos a ponernos morados intentando acabar aquel coro infinito.

«London's Burning»

JOE: Fui al cuarto trasero situado en el piso superior de la casa ocupada de Orsett Terrace en la que yo, Paul, Keith, Sid Vicious, Palmolive* [de las Slits] y otros que no recuerdo solíamos quedarnos a dormir. Escribí «London's Burning» allí, en voz muy baja, susurrando, porque Palmolive dormía en la misma habitación. Al día siguiente pasé por casa de Mick y le propuse hacerla. A veces componíamos por separado, pero no con frecuencia.

«Protex Blue»

PAUL: Cuando conocí a Mick, él ya tenía «Protex Blue».

MICK: Era la marca que ofrecían todas las máquinas de condones de los pubs. Era un tema válido para una canción en aquella época.

* Nombre artístico de Paloma Romero (Melilla, 1954), fundadora del primer grupo punk femenino, The Slits, y musa que inspiraría a su entonces pareja, Joe Strummer, la composición de «Spanish Bombs». (N. del E.)

«48 Hours»

MICK: Por alguna razón necesitábamos otra canción y recuerdo que nos sentamos en Rehearsals Rehearsals y la compusimos en media hora: letra y música.

«Police & Thieves»

JOE: Teníamos un tema de Bob Marley titulado «Dancing Shoes» en una cara B, y decidimos darle un toque rock, a lo Ramones. La tocábamos bastante, pero solo para nosotros en Rehearsals Rehearsals. Era un intento por fusionar un estilo a partir de otra cosa, pero no iba a ninguna parte, así que lo dejamos. Cuando estábamos grabando propuse tocar «Police & Thieves» porque a todos nos encantaba, y Mick se encargó de los arreglos con esa guitarra estruendosa al principio del acorde.

JOE: Lo cierto es que en ese momento no tocábamos «Police & Thieves», aunque era un gran éxito en los clubes, al menos en los que frecuentábamos, que no eran los "adecuados". Teníamos que acabar en fiestas jamaicanas. Íbamos caminando de un lado a otro hasta que encontrábamos un lugar en el que vendieran cerveza y nos toleraran. La canción sonaba por toda la ciudad y al final tratamos de grabar una versión que, cuando escucho hoy el original de Junior Murvin, me hace pensar: "¡Qué jeta tuvimos al probar esa canción!", porque Murvin canta como los ángeles. Me alegro de haberla grabado porque lo hicimos con un estilo punk rock que funcionaba. La canción era lo bastante sólida para resistir nuestro envite y condujo a cosas fantásticas en el futuro, cuando Lee Scratch Perry y Bob Marley la oyeron y fueron lo bastante enrollados como para no rechazarla. Tenían todo el derecho del mundo a decir que la habíamos destrozado, pero se dieron cuenta de que le habíamos inoculado nuestro toque musical.

JOE: Debo decir, porque no se ha reiterado lo suficiente, que el talento de Mick Jones no se reduce al papel de guitarrista, porque es evidente que es un guitarrista brillante, pero también es un excelente arreglista, como Gil Evans. Es arreglista y su talento en ese sentido se aprecia en toda la música de The Clash. De acuerdo, es un simple cuarteto de rock, pero componer arreglos para esas piezas y conseguir algo que funcione tan fantásticamente... «Police & Thieves» es un ejemplo perfecto. Estuvo brillante cuando me hizo tocar una nota y luego interrumpirla mientras él hacía un rasgueo y yo volvía al tempo. Cualquier otro grupo habría tocado un contratiempo, porque intentábamos asimilar el reggae. Pero era muy punk que una guitarra siguiera el tempo y la otra el contratiempo. Es un arreglista genial.

«Cheat»
PAUL: Se nos ocurrió «Cheat» mientras ensayábamos para el álbum, justo antes de entrar en el estudio. No la tocábamos en directo antes de grabar el disco de debut. Creo que después solo la interpretamos un par de veces.

«Garageland»
JOE: En la época de los conciertos a medianoche (Screen on the Green), nuestra cobertura en los medios de comunicación era escasa, así que estábamos bastante abatidos cuando Charles Shaar Murray, uno de los principales expertos de la época, escribió: "Los Clash son una de esas bandas de garaje que deberían ser devueltas rápidamente a la cochera y cerrar las puertas a cal y canto con el motor encendido". Al menos nos dio la idea para «Garageland».

MICK: Esa crítica nos estimuló lo suyo, no solo para crear esta canción en nombre de todos los grupos de garaje, sino a hacernos más fuertes. Joe escribió la letra y merecía una buena melodía.

PAUL: «Complaints, complaints, what an old bag»[*] se inspiró en la mujer que vivía en el piso de abajo en la casa ocupada de Davis Road.

«1977»

JOE: Yo tenía la letra de «1977» y Mick la música. La estábamos ensamblando. Había anotado «No Elvis, ni Beatles, ni Rolling Stones en 1977» en mi cuaderno, pero me pareció demasiado estúpido para empezar. Estábamos cantando la canción y llegamos a un punto en que no había letra, así que le confesé que tenía algo, pero que era un poco chorra. «A ver», contestó Mick. Se lo dije, y su reacción fue: «¡Fantástico! ¡Es fantástico!».

JOE: Para Mick empezó como un homenaje a los Kinks, porque no olvidemos que también nos gustaba toda esa música. Mick pensaba alargar ese acorde, y luego añadió otro en mi. Decidimos escribir «1977» porque era fácil rimarlo con algo como «heaven». La compusimos medio en broma, pero mejoró mucho a medida que avanzábamos.

«London's Burning»

JOE: La escribí después de un paseo por Londres, donde no había nada que hacer. La televisión terminaba a las once de la noche y ya estaba, solo podías caminar por la calle a esas horas para entretenerte. Por aquel entonces paseaba mucho por el oeste de la ciudad y la canción me vino de golpe. La parte que más me gusta es la introducción, la línea de guitarra, porque es una locura absoluta. Mick vivía en el piso de su abuela, que daba a la Westway, y a la mañana siguiente me desperté y todavía recordaba la canción de la noche anterior, así que se la llevé y le dimos forma. Pero destrozamos ese tema probando a un montón de baterías y, después de doscientos, la habíamos aborrecido.

[*] "Quejas, quejas, menudo carcamal." *(N. del T.)*

JOE: Una de las pocas cosas que tomaban los punks para pasarlo bien era el sulfato de anfetamina. Era barato y la relación calidad-precio era correcta. Además tenía efectos duraderos, pero me cansé de él porque el bajón que te daba no compensaba el subidón. Lo que podías pillar en las calles de Londres era de una calidad muy pobre, y la cortaban mucho con cualquier cosa, con lo que se sentía uno muy deprimido después de tomarlo. No tardé en darme cuenta de que el sulfato de anfetamina era una droga terrible. Pudría los dientes y el cerebro a la gente, y el desgaste que te producía era muy rápido.

«Capital Radio»

JOE: Para el flexidisc de NME grabamos un tema, «Capital Radio», que hablaba pestes de la única emisora comercial existente en aquel momento en Londres (que jamás pinchaba discos punk). Nos parecía injusto que estuviera sucediendo todo aquello en la capital y no pudieras escucharlo en las ondas radiofónicas.

MICK: Primero nos metimos en un fotomatón. Luego nos montamos en un tren y estuvimos cotorreando mientras íbamos de un lado a otro. Estábamos de broma.

«Complete Control»

MICK: «Complete control» era una de las expresiones favoritas de Bernie, y en más de una ocasión nos había dicho que debíamos tener un control absoluto de la situación y se nos quedó grabado.

JOE: A Bernie Rhodes le interesaba bastante nuestra faceta reggae y se puso en contacto con Lee "Scratch" Perry para que produjera un single titulado «Complete Control» que habíamos compuesto especialmente para la ocasión. Perry hizo un gran trabajo y fue un auténtico placer trabajar con él.

PAUL: Para mí fue muy emocionante conocer a Lee Perry. Era como conocer a mi ídolo de toda la vida. Lamentablemente, yo estaba muy constipado y lo único que pude hacer fue tocar la canción y salir del estudio, así que me lo perdí todo. Pero debo decir que, al escuchar la canción, no reconozco las aportaciones de Lee Perry. Quizá se remezcló cuando él se marchó, no lo sé.

MICK: Volvimos y lo retocamos un poco. Lo que hizo Lee estaba bien, pero sonaba como si lo hubiese grabado bajo el agua, ese sonido suyo con reverberación. Dimos mayor relevancia a las guitarras, lo hicimos un poco más duro, pero aun así es su sonido.

PAUL: Perry parecía tan chiflado como Guy Stevens. No dejaba de practicar kung fu por todas partes y llevaba cosas escritas con bolígrafo en los brazos, pero era un personaje increíble.

GIRA WHITE RIOT

TOPPER: Cuando me uní a The Clash, Mick, Joe y Paul odiaban el funk, el jazz y cualquier cosa que no fuera el punk. Me presenté a la prueba con otros cinco baterías y éstos coincidían con todo lo que decían Mick, Joe y Paul. Cuando me preguntaron cuáles eran mis baterías preferidos, respondí que Buddy Rich y Billy Cobham. Ofrecí todas las respuestas erróneas.

PAUL: Fue fantástico incorporar a Topper al grupo y resolver todos nuestros problemas. Mi especialidad era inventarme apodos, y decidí bautizarlo Topper por sus orejas. Se parecía a un personaje de un cómic llamado Topper, una especie de Mickey the Monkey, sobre todo cuando se cortó el pelo. Pero fue estupendo dar con él, era nuestro colega baterista.

JOE: Tocamos «London's Burning» con todos los bateristas que probamos, y nos interesaba el volumen. Si podíamos oírlos mientras tocábamos, eran buenos. Solo hizo falta media canción para que todo el mundo se diera cuenta de que Topper les daba mil patadas. Era pura dinamita.

GIRA GET OUT OF CONTROL

PAUL: Esa gira con Richard Hell fue bastante dura para los teloneros. Los cabezas rapadas no dejaban de subirse al escenario y propinar puñetazos a Richard, y luego se bajaban. Ocurrió lo mismo con Suicide, que eran muy buenos y resistían. Sin embargo, Richard Hell armaba el escándalo y se largaba. Suicide seguían adelante, sangrando por la nariz, mientras les lanzaban cosas y los skinheads se encaramaban al escenario para atacarlos. Aguantaron el mal trago, como diciendo: «No vais a echarnos». En mi opinión, fue bastante admirable.

JOE: Richard Hell and the Voidoids participaron en la gira y fue la época en la que los grupos recibían salivazos, lo cual resultaba desagradable. Richard Hell se llevaba muchos al principio y, cuando salíamos al escenario, se habían quedado sin saliva porque los Voidoids habían recibido la primera descarga. Era increíble. Hoy en día sería impensable para la gente.

MICK: En aquel tour dimos nuestro primer concierto en Amsterdam y la acogida fue realmente buena, pero a mí me pareció que era una de nuestras noches flojas. Recuerdo que pensé: «¡Maldita sea, les está gustando, pero podemos hacerlo mucho mejor!». De todos modos, ellos disfrutaron.

TOPPER: Cuanto más tocábamos juntos mejor nos entendíamos. Nos hicimos buenos amigos bastante rápido. De no haber existido el grupo probablemente no habría sido así, pero gracias a The Clash estábamos todos unidos por un propósito común.

SEIS DÍAS EN LA CARRETERA RUMBO A LA TIERRA PROMETIDA

PAUL: Lester Bangs era como un gran oso de peluche y al principio nos reíamos un poco de él porque era estadounidense y periodista. Pero parecía tan inocente y desvalido que no pudimos evitar quedar prendados de él.

Una noche, después de un concierto, nos encontrábamos bebiendo cerveza en el vestíbulo del hotel con un montón de gente y Lester estaba allí, sentado tranquilamente. Me arrastré debajo de su silla y le metí papel de periódico por sus perneras acampanadas y le prendí fuego. Bangs estaba divagando sobre alguna cosa cuando de repente se puso a chillar. Había fuego y humo por todas partes que le salía de los pantalones.

«La situación con la compañía
de discos era que no manteníamos
relación alguna. Controlábamos
totalmente lo que hacíamos,
el diseño de nuestros discos y
qué canciones incluíamos en
ellos.»

PAUL

1978

Cuando **1977** tocó a su fin, los Clash actuaban como cabezas de cartel para multitudes cada vez más numerosas en salas de mayor envergadura por todo Reino Unido. El 13 de diciembre de ese año, durante el último tramo de su gira *Get Out of Control*, actuaron en el Rainbow londinense tres noches seguidas frente a 2.500 aficionados por concierto. Durante buena parte del tour interpretaron canciones del primer disco, además de los primeros singles, y habían presentado «White Man in Hammersmith Palais», «The Prisoner», «Clash City Rockers» y «Jail Guitar Doors» a finales de verano.

Sin embargo, en el Rainbow empezaron a tocar dos canciones nuevas: «Tommy Gun» y «Last Gang in Town», que no se editarían hasta noviembre de 1978.

Mientras que «Tommy Gun» era una canción arquetípica de los Clash, «Last Gang» sonaba distinta. El tema demostraba que el grupo se disponía a embarcarse en una nueva fase musical y a distanciarse del sonido puramente punk del primer disco y los singles de sus comienzos. Sus ritmos rockabilly y sus guitarras entrecortadas anticipan el sonido de «London Calling» y, a diferencia de las primeras canciones de The Clash, no va directa del un-dos-tres-cuatro al último acorde rotundo.

El mensaje de la letra versa sobre lo absurdo que es pretender convertirse en la última banda superviviente de la ciudad, haber peleado con todos los demás grupos a muerte. La canción hace referencia a las continuas guerras entre los *teddy boys*, los punks, los cabezas rapadas, los rastas y demás, unos altercados que parecían darse por todo Reino Unido en aquel momento.

«Last Gang» representó una iniciativa musical y política radical por aquel entonces, ya que, desde sus discretos inicios, la escena punk británica corría un gran riesgo de devenir en un movimiento musical popular para jóvenes desafectos. Las bandas que se habían subido al carro de la nueva ola después del verano de 1976, como Sham 69, estaban interpretando himnos punk para niños («If the Kids Are United, etc.») y tocando para adolescentes rebosantes de hormonas que pasaban los sábados peleándose por la tarde en campos de fútbol y por la noche en clubes, bailoteando al ritmo del nuevo punk trash en unas pistas de baile en las que tan solo unas semanas antes sonaban únicamente los compases de Tavares, los Bee Gees, Candi Staton y la Motown.

Al término de 1977, al puñado de punks auténticos que habían comprado *Sniffin' Glue* y habían decidido ser fans de los Pistols o los Clash se les sumaban montones de nuevos discípulos de la causa punk. Y los nuevos discípulos querían más de lo anterior: canciones rápidas, agresivas y directas de tres minutos con las que bailar pogo* y escupir. No se podía bailar pogo al son de «Last Gang in Town». Pero el grupo sabía que debía cambiar para progresar, para triunfar en todo el mundo.

---

* Baile que hunde sus raíces en el punk. Se suele practicar frente a —y sobre— el escenario. Su praxis se caracteriza por los empujones, patadas y choques entre quienes lo disfrutan. (*N. del E.*)

THE CLASH EN JAMAICA

Tras el concierto de Coventry y una breve recuperación para Joe, que aseguraba haber contraído hepatitis de alguien que le había escupido en la garganta mientras tocaba, él y Mick viajaron a Jamaica para empezar a trabajar en el segundo álbum del grupo.

JOE: Le propuse en broma a Bernie que fuéramos a Jamaica a componer el siguiente disco. Queríamos marcharnos un par de semanas y no podíamos ir a París porque conocíamos a demasiadas chicas allí y nos distraeríamos, así que mencioné Jamaica y él se negó. Pero al cabo de un par de semanas, se presentó con los billetes de avión.

PAUL: Me cabreó mucho que fueran a Jamaica, porque yo tenía muchas ganas de ir y no lo hice. Me enfadé mucho.

JOE: Recuerdo que me fui una semana o diez días a Jamaica con Mick y compusimos algunos temas para el segundo disco: «Tommy Gun», «Safe European Home» y no sé cuáles más, pero recuerdo sobre todo que buscamos a Lee Perry en Kingston. No sé cómo no nos trocearon y nos sirvieron con patatas, porque Mick y yo deambulamos por el puerto y creo que nos confundieron con marinos mercantes. Pero íbamos vestidos con nuestro atuendo punk y la gente nos dejaba en paz, probablemente porque daban por hecho que éramos unos chiflados o algo así. Por supuesto, Mick y yo no teníamos ni idea del riesgo que corríamos. Nos paseábamos por Kingston como lunáticos. Tampoco dimos con Perry.

PAUL: Más tarde tuve una conversación con John Lydon y me dijo que ellos [Mick y Joe] se fueron allí y lo único que hicieron fue estar sentados en la habitación del hotel, lo cual me hizo sentir mejor, porque al menos pensé que no habían salido por la ciudad a pasárselo en grande.

MICK: Solo escribimos un par de canciones en Jamaica. «Safe European Home» y «Drug Stabbing Time», creo. El resto se compusieron en Gran Bretaña y también en el estudio neoyorquino.

ROCK AGAINST RACISM

Tras una estancia de dos semanas en el hospital, seguida de tres semanas en Jamaica para Joe y Mick, los Clash habían vuelto a los ensayos y trabajado en nuevo material para el segundo disco. A finales de abril fueron contratados para actuar en su primer gran concierto al aire libre (los cabezas de cartel eran The Tom Robinson Band), un acto benéfico para la recientemente creada Rock Against Racism (RAR). La idea de un movimiento antirracista en el rocanrol había tomado forma en agosto de 1976 como reacción a unos estúpidos comentarios de Eric Clapton en un concierto en Birmingham. En el escenario, el músico declaró que Inglaterra estaba «superpoblada» y pidió a la gente que votara a Enoch Powell en las próximas elecciones para impedir que Gran Bretaña se convirtiera en una «colonia negra» (Powell predicaba la repatriación). Los comentarios de Clapton, sumados a la creciente popularidad del partido de ultraderecha Frente Nacional, cuyo único mensaje era la supremacía blanca, incitaron a un puñado de activistas a crear RAR. El concierto de Victoria Park fue su primer acontecimiento relevante, concebido para dar a conocer el objetivo de la causa. Se estimó que el número de asistentes rondó los 100.000. Tras su aparición, durante la cual Joe lucía una camiseta de las Brigadas Rojas y Mick un traje negro, el grupo fue acusado por la prensa musical británica de subirse al carro de

Rock Against Racism de modo oportunista y de exhibir su patente ingenuidad política.

MICK: Me dijeron: "¿Cómo te atreves a actuar en el concierto de la Liga Antinazi vestido con un uniforme de soldado de las tropas de asalto?". Llevaba una gorra de conserje de la BBC, que afanamos durante la grabación del programa de televisión, una camisa negra y pantalones a conjunto. Y de repente se había convertido en un uniforme de las tropas de asalto y me dijeron: «Das asco».

JOE: Me la puse (la camiseta de las Brigadas Rojas) porque no creía que estuvieran recibiendo la cobertura mediática que merecían. Después de que dispararan a Aldo Moro, la emulación a la italiana de Winston Churchill, acabaron con la vida de un empresario prácticamente a diario. Y aquello terminó haciéndose con un hueco en la contraportada de *The Evening Standard*. En resumen, que la última víctima italiana aparecía junto al ganador de las carreras de galgos. Lo dicho, quería que me sacaran una foto con la camiseta y que apareciera en los periódicos, cosa que por supuesto no ocurrió. Dudo que nadie pudiera verla en el concierto.

PAUL: Me alegro de que participáramos en la concentración antinazi porque significó un hito muy importante en la lucha contra el racismo, aunque resultaba un poco desmoralizador con todos aquellos hippies paseándose por allí con un cubo gigante, agitándolo y vociferando: "¡Echad vuestro dinero aquí!". Queríamos que la izquierda pareciera un poco menos parroquial, y lo cierto es que en aquel momento aún sobreabundaban los hippies.

MICK: Puede que el impacto real de las acciones del Frente Nacional se exagerara un poco, pero todo aquello era un asunto con una envergadura que trascendía el problema de ese partido. Es mucho más que eso. En cualquier caso, nunca necesitamos afiliarnos a pequeñas organizaciones.

JOE: Empezamos a tocar reggae cuando todo el mundo decía que los blancos no saben tocar reggae, igual que solían decir que los hombres blancos no saben tocar blues. En nuestras giras llevábamos montones de dub duro que los chavales no habían escuchado en su vida.

MICK: Dijimos que no queríamos ser cabezas de cartel. Solo queríamos formar parte de él. Nadie mencionó que otros grupos contrataban a muchos más guardaespaldas que nosotros. Creo que es importante, teniendo en cuenta que entre bastidores no pudimos tomar ni un vaso de agua y los demás sí.

PAUL: Recuerdo que celebramos una reunión con la gente de Rock Against Racism en Rehearsals Rehearsals y, justo antes de que aparecieran, estuve vengándome de Bernie por el episodio de «Guns on the Roof», cuando me encerraron en la cárcel de Brixton y él no hizo nada. Pinté un mural en la pared en el que aparecía Bernie desnudo, y otro en el techo, un retrato suyo con palomas en la cabeza. El de Bernie desnudo estaba encima de la chimenea y tendí una tela de seda sobre ella y encendí unos cirios para que pareciese un altar. Mick y Joe se estaban desternillando cuando entró Bernie con la gente de Rock Against Racism, y empezamos a cantarle: «Loado sea, loado sea». Debieron de pensar que pertenecíamos a alguna secta rara o algo así al vernos «alabar» aquella imagen desnuda de Bernie sobre el pedestal.

EL PROBLEMA CON BERNIE (JUNIO DE 1978)

JOE: Fuera lo que fuese The Clash, guardaba relación con Bernie Rhodes y con el propio grupo. Eso es lo que siempre he mantenido, en la salud y en la enfermedad.

Dos años después de que Bernie Rhodes se convirtiera en el representante de The Clash, su relación con la banda empezaba a dar muestras de un estrés acentuado. En agosto anunció una actuación de los Clash en el teatro Roxy de Harlesden sin haber consultado al grupo si quería o podía dar aquel concierto, que acabaría cancelándose. También insistía en estar presente en las entrevistas con la prensa y en responder a las preguntas, aunque no se las hubieran formulado a él. En este extracto de una de esas entrevistas, una charla con Tim Lott, de *Record Mirror*, publicada en junio de 1978, queda patente por los comentarios de Joe y Mick a Bernie que a la vez valoran y ponen por los suelos sus aportaciones.

En dicha entrevista, realizada tras el concierto de Rock Against Racism en Victoria Park, Londres, y en vísperas de la gira *Out on Parole*, el periodista pregunta por qué el grupo no ha salido a tocar en seis meses:

BERNIE: "Mencionasteis algo..."

JOE: "No, tú cállate. Después te pasas veinte minutos hablando." (Se detiene la cinta hasta que Bernie se calla. Cuando se vuelve a accionar, el grupo está hablando de los entresijos del sector discográfico.)

JOE: Se nos ocurrió esto. Ayudábamos a grupos. Normalmente, en este negocio, la gente paga. Si quieres ser telonero de Black Sabbath, tienes que pagarles una comisión. Nosotros nos llevábamos de gira a los grupos y les pagábamos, lo financiábamos todo, como habían hecho con nosotros los Pistols en la gira *Anarchy*, aunque luego tuviéramos que pagarles.

BERNIE: A los Buzzcocks y a todos esos grupos se lo pagamos todo.

JOE: Para llevar a Tom [Robinson] están los representantes de Pink Floyd. A Jimmy [Pursey y Sham 69] lo llevan los mánagers de Mungo Jerry. ¡Y detrás de nosotros tenemos (señala a Bernie) a éste! ¿Me entiendes? Supuestamente está bien, es algo distinto, algo nuevo, pero si lo observas con detenimiento concluirás que, en el fondo, es lo mismo: la misma transacción monetaria.

RM: *Pero vosotros tenéis detrás a CBS. ¿Cuál es la diferencia?*

JOE: Estuvimos a punto de tener que cancelar la gira porque no nos dejaban el dinero para costearnos los amplificadores. Eso ocurrió ayer. Bernie y yo andábamos por allí y él les dijo que tendríamos que cancelar el tour, así que al final aceptaron darnos las 2.000 libras.

RM: *¿Y por qué no os prestan su apoyo?*

BERNIE: Porque Bob Dylan está en la ciudad.

MICK: Eh, ya basta. Mostrad un poco de respeto.

JOE: ¿Por quién? ¿Por Bob Dylan? Ah, claro, él es el único miembro del grupo que irá a ver a Dylan. Otra pregunta.

RM: *Supongamos que Bernie no está al frente de vuestros asuntos. ¿Qué tal vuestra relación con él? Nos han llegado rumores...*

JOE: A veces es tormentosa. Los rumores son una sarta de mentiras. Hay toda clase de bastardos intentando controlarnos porque ven que pueden ganarse una pasta a nuestra costa. Ellos son los que filtraron esos rumores. Están tratando de abrir una brecha entre Bernie y nosotros.

MICK: La verdad es que queremos a Bernie.

JOE: Sí, aunque sea bajito. Discutimos mucho, porque nos llamamos The Clash y no escasean, precisamente, las colisiones entre nosotros. La gente dice que así no duraremos mucho tiempo, pero llevamos ya casi dos años.

RM: *¿Por qué discutís?*

JOE: Por todo. Discutimos por los conciertos, por las giras, por las canciones, por los zapatos, por los calcetines, por las camisas, por los programas de televisión, por las facturas telefónicas, por todo.

RM: *Otra cita que vi en alguna parte rezaba:* "Nunca conseguiremos estar entre los diez primeros porque no nos dejarán".

JOE: Me refería a las listas de temas que pinchan las emisoras. Como no suenes en la radio ya te puedes ir olvidando. No concibo a nadie poniendo discos de The Clash en la radio.

RM: *¿Por qué?*

BERNIE: Porque la prensa musical no nos ha apoyado, nadie nos ha respaldado. Somos solo cinco personas trabajando muy duro y es imposible que cinco personas puedan con 20.000.

RM: *¿No os parece que eso es un tanto paranoico?*

JOE: Mejor ser paranoico que patético.

MICK: La última vez que llamamos a Doreen Davies [jefa del departamento de promociones de CBS] para preguntarle por qué no aparecíamos en las listas de las emisoras, respondió: «Pues porque no es exactamente la clase de música con la que puedas trabajar», y luego agregó: «De todos modos, vuestra gente no trabaja demasiado, ¿no es así?». ¿Y por qué? ¿Acaso nuestro disco es demasiado... rápido?

BERNIE: Eso no es ser paranoico, sino realista. En este momento, la prensa sí que es paranoica. Nosotros no, nosotros lidiamos con ello de buenas maneras. Seguimos adelante.

RM: *¿Por qué creéis que seguís sin gustarles? ¿Es solo una resaca de la movida punk o es que todavía os metéis con ellos?*

BERNIE: Por supuesto que lo hacemos. Es el síndrome del chico malo. Si eres un buen chico, te recompensan. Si eres un chico travieso, te sacuden. Si eres un hombre de orden, todo son parabienes. El arte refleja la edulcorante moral de la sociedad, y si Radio One no es más que el reflejo de nuestra decadente la sociedad, entonces cada uno tiene lo que merece.

RM: *Sí, pero todos los grupos odian Radio One. ¿Qué os hace distintos a ellos?*

BERNIE: No intentamos ser mejores que ningún otro grupo. Solo tratamos de desempeñar una labor que quizá a otros grupos les resulte difícil llevar a cabo en nuestras condiciones.

RM:*¿Cuál?*

BERNIE: Pues, por ejemplo, seguir adelante.

JOE: O grabar discos de verdad, discos que traten de cosas reales. Nuestra meta es convertirnos en el mejor grupo del mundo. Un grupo de punk rock. Un grupo que no se escaquee llegado el momento. Queremos decir la verdad tal como la vemos, sin recibir dinero a cambio. Ellos te ofrecen un mordisco de la gran manzana.

MICK: Nos han ofrecido todas las manzanas.

JOE: Nos dicen: «Si cambiáis la letra de este single, chicos, podréis tener un éxito».

MICK: «Podríais conseguir el mayor éxito del universo si suprimierais las palabras "meados" y "mierda" de ahí».

BERNIE: ¿Cuántos ejemplares de *Record Mirror* vendéis?

JOE: Dios mío, Bernie. Vete a buscar unos bocadillos. [Esto desemboca en un prolongado circunloquio de Bernie].

RM: *Bernie, ¿por qué siempre insistes en interrumpir? ¿Por qué no dejas que hable el grupo?*

JOE: Porque le encanta hablar. No puede evitarlo. Prefiere estar aquí, metiendo la cuchara, que quedarse en casa viendo la tele.

BERNIE: Bueno, pero están hablando, ¿o no?

JOE: Cuando te inmiscuyes tú, no.

BERNIE: Lo siento, no me habéis mandado aún las normas.

Unas semanas después de que apareciera esta entrevista, Bernie era despedido. Recordando su salida, el grupo simplemente afirma:

PAUL: Bernie organizó un concierto en Harlesden sin que nosotros lo supiéramos. Todavía estábamos en Estados Unidos cuando lo anunció, y puede que Bernie pretendiera imponernos ciertas cosas, como en una suerte de juego de poderes.

JOE: Bernie anunció aquellos conciertos en el Roxy de Harlesden y por algún motivo se cancelaron. No recuerdo por qué, pero tuvimos que ir allí y disculparnos ante los fans. Les demostré que no éramos unos borrachos que andaban pavoneándose por ahí sin preocuparse por ellos. Un mes más tarde, aproximadamente, Bernie fue apartado de la dirección por una burda lucha de poder en la gestión de la banda.

MICK: Mientras estábamos fuera, Bernie organizó unos conciertos que, por supuesto, no podíamos dar. A nuestro alrededor había gente que intentaba alterar toda nuestra organización. Siempre había gente tratando de meter baza. Incluso Sandy, con lo buen tipo que era, intentó que firmáramos un papel y le dijimos: «¿Qué?». No queríamos tener nada que ver con aquello, no nos interesaba.

PAUL: Bernie y Mick solían tener encontronazos serios y creo que el concierto de Harlesden fue la gota que colmó el vaso. Regresamos de Estados Unidos y no estábamos preparados para aquella actuación, pero fuimos allí y pedimos disculpas a nuestros seguidores. No recuerdo cómo sucedió exactamente, pero fue entonces cuando nuestros caminos y el de Bernie se separaron.

JOE: Perder a Bernie generó un vacío que no llenamos hasta que volvió al cabo de dos años.

[WHITE MAN] IN HAMMERSMITH PALAIS

PAUL: Aquello fue cosa de Joe. Había ido a Hammersmith a hacer unas pruebas de sonido.

JOE: Muchos me han dicho que cuando escucharon por primera vez «White Man» no podían creérselo, porque se suponía que no debíamos sacar algo así en aquel momento. Éramos un grupo de riffs aplastantes y de ritmos roqueros contundentes, y presentar «White Man in Hammersmith Palais» fue algo realmente inesperado. Esos son los mejores momentos de una carrera.

GRABANDO *ENOUGH ROPE*

A mediados de 1978 todavía no había un segundo disco de los Clash en las tiendas y la prensa musical especulaba sobre los presuntos motivos de tal vacío y se permitía, incluso, tildar al grupo de holgazán. En una entrevista del *Record Mirror* realizada en junio, Mick declaraba: "¡No hemos disfrutado de un puto día libre desde la Navidad de 1976!". Pero Joe atribuyó la "demora" en la edición del disco al hecho de que querían sacar "un álbum diez veces mejor que el primero, y luego otro que fuera diez veces mejor que ése. No como The Jam y The Stranglers, que tuvieron que grabarlos cagando leches".

JOE: La primera vez que oí hablar de (el productor) Sandy Pearlman fue en el Renault de Bernie. Estaba escuchando una cinta de Blue Oyster Cult y pensé que había perdido la chaveta.

MICK: En aquella época se insinuaba (en la prensa musical) que nuestro segundo disco se estaba concibiendo con la mirada puesta en el mercado estadounidense y que, por esa razón, habíamos contratado a un productor de allí, pero fue Bernie quien introdujo a Sandy en aquel berenjenal.

TOPPER: Aquél fue mi primer disco, así que para mí resultaba un poco confuso, y fichar a un productor que consiguiera un sonido de batería tan bueno fue fantástico. Sandy me llamaba la Batería Humana porque no cometí un solo error en el disco. En aquella época solía grabar las pistas de batería y me iba, no siempre por elección propia. Robin Crocker y todos aquellos chiflados estaban por allí, y en cuanto terminaba mi trabajo, me agarraban y armábamos jarana. Así que cuando había tocado mi parte, nos decían que nos fuéramos a casa para que no hubiera problemas ni facturas por destrozos.

JOE: Después de grabar el primer álbum, cuando la compañía discográfica dijo: "De acuerdo, hablemos del segundo", nuestra actitud fue: "¿Qué queréis decir con un segundo álbum?". No estábamos preparados para un segundo disco. Invertimos un gran esfuerzo en alumbrar el primero. En privado, creo que estaban presionando a Bernie para que les presentara algo. Querían que el disco tuviera un aire más estadounidense. Bernie eligió a Sandy Pearlman de una lista de productores que Columbia le planteó como posibles candidatos.

MICK: Grabamos las pistas base en Basing Street, al oeste de Londres, y luego fuimos a Automat, en San Francisco. Se podría decir que a Joe y a mí nos secuestraron y nos llevaron a Estados Unidos. En todo momento queríamos ver a Paul y a Topper mientras estuvimos allí. Después de las sesiones en San Francisco, viajé a Los Ángeles con Pearlman porque tenía un concierto de Blue Oyster Cult. Pero en mi primera visita me metieron en un maldito hotel del aeropuerto y me sentí agobiado y pensaba: "¿Dónde están los demás?". Joe había regresado a Nueva York cruzando el país en una camioneta pick-up con un amigo nuestro y yo me pasé una semana en Los Ángeles. Pero al final de la semana, me había ido a Nueva York, donde Paul y Topper se habían unido a nosotros porque los echábamos de menos.

PAUL: La grabación de ese disco fue el parto más aburrido de mi vida. A todo le encontraban defectos y supuso un contraste absoluto con la grabación del primero. No había espontaneidad, y la única manera en que podía aliviar aquel tedio era comprando películas en el Imperial War Museum y proyectarlas mientras grabábamos para que hubiera cierta emoción. Así que las dejábamos puestas y yo me lo pasaba bien, pero entonces Pearlman dijo que se oía el proyector y que teníamos que quitarlas.

MICK: Aquel primer viaje a Estados Unidos tuvo cierto efecto en mí. Me había estado preparando toda la vida para ir allí. Me fascinaban las cosas que aparecían al final de las revistas estadounidenses, como pistolas de aire comprimido, equipación paramilitar y otros artilugios que no podías conseguir en Inglaterra. Pero en lo que a composición musical se refiere, creo que no ejerció demasiada influencia sobre mí.

TOPPER: Ni yo ni ninguno de nosotros habíamos estado nunca en Estados Unidos. Nunca habíamos salido de Europa. Mick y Joe nos recogieron en el aeropuerto y siempre recordaré cuando cruzamos el puente en coche y vimos Nueva York de noche, el perfil de Manhattan. Era imponente y me aportó mucha energía. Me encantó, e incluso viví allí una temporada.

PAUL: Recuerdo que llegué a Estados Unidos con Topper para encontrarnos con Mick y con Joe, y en la aduana no me querían dejar entrar porque mi equipaje era... bueno, era una caja de cartón para guardar discos. Seguramente tenía capacidad para doce LP o algo así, pero yo solo llevaba ropa. Los agentes no comprendían por qué no llevaba una maleta y a punto estuvieron de mandarme de vuelta, pero por alguna razón no lo hicieron. Fue realmente emocionante ir a Manhattan y ver las luces de Nueva York por primera vez.

«Stay Free»

MICK: La canción trataba sobre mis viejos amigos de la escuela, y sobre Robin en particular. Fue el tipo que le propinó una paliza a Sandy Pearlman, que estaba produciendo el álbum, lo cual era un poco irónico.

«Julie›s Been Working for the Drug Squad»

JOE: La Operación Julie se llevó a cabo cerca de Gales. Había unos estudiantes universitarios de posgrado —químicos— que estaban fabricando LSD y distribuyéndolo. La única manera que tenía la policía de darles caza era infiltrando a unos cuantos hippies de los suyos, que tenían que tomar ácido continuamente para no delatarse. Aquel material era el más fuerte que había fuera de Suiza. La canción en realidad trata sobre eso. Nos imaginamos a unos policías colocados.

PISTOLAS EN EL TEJADO

JOE: Creo que estábamos aguardando a que llegara Mick al ensayo [en Camden], y Topper y Paul se aburrían un poco. Topper acababa de comprarse una nueva escopeta de aire comprimido y subieron al tejado y empezaron a disparar a las palomas.

PAUL: Topper, Robin y yo, y creo que uno de los hermanos Barnacle, un amigo de Topper que había llegado de Dover, teníamos un par de rifles de aire comprimido. Aquel tipo de Dover tenía uno muy potente y, mientras esperábamos a que apareciera Mick para el ensayo, se nos ocurrió salir a probarlos. Así que nos subimos al tejado, vimos unas palomas y empezamos a disparar. Fallamos y luego volvieron a posarse allí. Fue muy raro; les disparábamos y volvían de nuevo.

TOPPER: Me encantan las armas, y tenía un par de pistolas y un rifle de aire comprimido y me los llevé a los ensayos en el autobús. Me paseé por todo Camden High Street con un rifle al hombro y dos pistolas en el cinto. No me pillaron ni nada. Cuando llegué al estudio, vi que no estaba Mick, así que propuse que subiéramos al tejado y disparáramos a las palomas.

JOE: Empezaron a apuntar a los pájaros, pero no sabían que eran unas palomas mensajeras valiosísimas y pertenecían a un mecánico que trabajaba por allí.

PAUL: Entonces llegó un tío enorme, un albañil o algo así, chillando como un loco, e intentó quitarnos las escopetas y atizarnos con ellas, y nosotros intentamos sacudirle también a él.

TOPPER: Se acercaron dos mecánicos corpulentos, me pegaron con una llave inglesa en el brazo, se llevaron las armas y eso fue todo. Al momento, teníamos un helicóptero sobre nuestras cabezas y apareció la policía pistola en mano. Alguien los había avisado de que había una banda armada disparando a los trenes desde el tejado, y era la época en que el IRA estaba en activo en Londres, así que pulsaron el botón de alerta roja.

PAUL: Cuando quisimos darnos cuenta vimos un helicóptero y exclamamos: "¡Dios, mira eso! ¡Está muy cerca!", y se aproximaba cada vez más. Luego llegó la policía, encaramándose al tejado y chillando: "¡QUIETOS!" y obedecimos. Los agentes nos agarraron y nos llevaron al patio, donde habría unas seis furgonetas. Nos condujeron a la comisaría y nos interrogaron, intentando que reconociéramos que habíamos disparado a los trenes. Recuerdo que, en un momento dado, uno de ellos me apuntó a la cabeza con la pistola y me gritó: "¡Dinos la verdad!".

TOPPER: Fue bastante aterrador cuando apareció la policía chillando "¡QUIETOS!" y apuntándonos con las pistolas. Pero cuando se dieron cuenta de que no iban a conseguir hacernos pasar por miembros del IRA y dejaron de fingir que suponíamos peligro alguno, fue bastante divertido. Creo que me multaron más por reírme en el juicio que por el delito en sí.

PAUL: Al final nos llevaron a la cárcel de Brixton, y mientras esperábamos que nos metieran en una de las celdas, un preso empezó a reírse de mí porque llevaba unos rasgones enormes en la pernera de los vaqueros, a la altura de la rodilla. "Mira —decía—, ha intentado salir bajo fianza suplicando de rodillas." Por suerte, no tuve que pasar la noche allí, porque vino Joe con Caroline Coon y pagó la fianza, lo cual fue de agradecer. Pero de Bernie nada se supo durante todo el episodio.

JOE: Al final nos multaron por matar a cinco o seis de aquellos pájaros tan caros y difíciles de entrenar, pero fue una farsa.

MICK: ¿Que dónde estaba yo? En la sala de ensayo cuando escuché el helicóptero. ¿Que qué hacía? Seguramente pidiendo ayuda a voces.

OUT ON PAROLE TOUR

Tras la debacle del incidente de «Guns on the Roof», la siguiente gira británica recibió el título de *Out on Parole* [Libertad condicional], que resultaría doblemente profético. El grupo fue detenido en Glasgow el 4 de julio y en Blackburn el 13 de ese mismo mes. Mick fue acusado de posesión de marihuana y Joe de robar una toalla de hotel.

JOE: Viajábamos en autobús con las Slits y Subway Sect y no era muy cómodo, porque había muchos trayectos nocturnos. Así que la gente empezó a robar almohadas de los hoteles en los que nos alojábamos para intentar que el autobús resultara un poco más confortable. La policía estaba poniendo todo su empeño en acabar con el punk rock y decidieron inspeccionar nuestro vehículo en algún lugar del norte, así que subieron y registraron a todo el mundo. Hallaron unas 34 almohadas y veinte llaves de las habitaciones que la gente había olvidado [devolver en los hoteles] y no pensaban dejarnos marchar hasta que acusaran a alguien. Para poder continuar hacia nuestro próximo destino, Topper y yo fuimos elegidos como acusados de aquel delito. Más tarde, cuando me detuvieron en Londres (por pintar «The Clash» con spray en una pared) la policía exhumó aquellos antecedentes, y a Topper y a mí nos esposaron y nos condujeron a Newcastle. Pasamos el fin de semana en la cárcel antes de ser multados, el lunes por la mañana, por robar ropa de cama y llaves.

PAUL: Tocamos en el Apollo, en Glasgow, y no sabíamos que cada semana se libraba una batalla campal entre el personal de seguridad y el público. Tuvimos que interrumpir el concierto varias veces para pedir a los gorilas que dejaran a los fans en paz. Después de la actuación, los seguratas fueron a por nosotros, y tuvimos que bloquear la puerta y escapar por la parte trasera. En la calle, algunos personajes se acercaron y empezaron a meterse con Joe, acusándolo de haberlos dejado tirados cuando se desató la violencia en el Apollo. Joe se sintió frustrado y arrojó una botella al suelo que se rompió. Como salida de la nada, llegó la policía, agarró a Joe e intentó llevárselo. Aquello me molestó, porque eran muchos contra uno, así que me abalancé sobre Joe para protegerlo y se produjo una refriega. Nos arrastraron a coches diferentes. Un policía me preguntó de dónde era. «De Londres», respondí yo. De repente, me puso las esposas y me dijo: «Pues esto es Glasgow».

En la comisaría me agarraron por las esposas y me llevaron junto a Joe y nos apoyamos el uno en el otro. «Deben de ser gays», observaron los agentes. Empezaron a llegar unos cuantos chicos que habían asistido al concierto y nos vieron. Joe y yo estábamos en una celda y los aficionados cantaron canciones de The Clash toda la noche. Como llevábamos tantas cremalleras en los pantalones y las chaquetas, la policía se aburrió de registrarnos y Joe tenía un poco de speed en un bolsillo, así que lo lamimos y estuvimos despiertos toda la noche. A la mañana siguiente, mientras esperábamos a ser conducidos ante el tribunal, el resto de los prisioneros nos dieron cigarrillos y charlaron con nosotros, y el vigilante se sorprendió al volver y comprobar que no nos habían dado una paliza. A Joe y a mí nos acusaron de ir ebrios y de alteración del orden, y a mí, además, por tentativa frustrada de rescate a un detenido, cosa de la que me siento bastante orgulloso.

JOE: Recuerdo la gira sobre todo porque nos arrestaron por armar jaleo en el hotel, y los teloneros que llevábamos con nosotros, los neoyorquinos Suicide, fueron los únicos a los que la policía sacó de la cama y se llevó a comisaría. Fue mala suerte, porque eran buena gente y no se lo merecían. De hecho, Alan Vega es uno de los hombres más valientes que jamás he visto en el escenario. En Inglaterra nadie había visto algo parecido a Suicide, y los cabezas rapadas no lo aguantaban. Vi cómo un tipo se subía al escenario y le atizaba en la cara mientras cantaba. Luego, una botella estuvo a punto de alcanzarle y Vega se agachó y él mismo se la tiró a la cabeza como diciendo: «¡Idiota!». Les plantó cara.

PAUL: Hubo algunos incidentes con la policía en aquel tour, pero lo nuestro con la justicia parecía algo habitual.

Sort It Out
PAUL: Steve Jones subió al escenario en varias ocasiones durante la gira *Sort It Out* y participó en un par de temas. De vez en cuando viajaba con nosotros. Pete Townshend apareció cuando actuamos en Brighton y estuvo fantástico. Luego nos acompañó al hotel.

JOE: En ese tour viajamos al norte y Steve Jones salió al escenario algunas noches, porque creo que los Sex Pistols no estaban de gira. Fue cuando Sid y Nancy estaban en Nueva York y él fue detenido por el asesinato. Acabamos organizando un concierto benéfico para Sid Vicious en el Music Machine al final de la gira.

JOE: Supimos por Bernie Rhodes que el cartel de aquella noche tendría una gran importancia cultural. Bernie trajo a Suicide y Richard Hell, y para los aficionados británicos fue muy positivo presenciar aquello. Del mismo modo, cuando fuimos a Estados Unidos, estuvimos deliberando quién nos acompañaría, porque tenía que ser una velada memorable. Eso es cuidar a la gente y no cachondearse de ella.

JOE: Cuando tocábamos no lo hacíamos con sonidos pregrabados, así que podíamos parar. Puede que parezca algo nimio, pero cuando ves que a alguien lo están pateando treinta tíos tienes que parar y poner orden.

«Cuando te ha gustado la música estadounidense durante tanto tiempo como a mí, el ir allí y recorrer el país en autobús, es una auténtica pasada. Visitar lugares de los que solo has oído hablar en canciones es fantástico.»

JOE

1979

Give 'Em Enough Rope se editó en Reino Unido en noviembre de 1978, pero no comercializaría en Estados Unidos hasta abril de 1979. En enero, el grupo se embarcó en una gira estadounidense prepromocional, en la que su primera incursión a ese país. Dando muestras de su habitual tacto y exquisita diplomacia, decidieron denominar a su minigira de nueve días por Norteamérica *Pearl Harbour Tour*. La gira arrancó en Canadá, donde un comité de bienvenida integrado por agentes de aduanas les aguardaba en el aeropuerto de Vancouver.

MICK: Como Epic no editó el primer disco en Estados Unidos y la gente solo lo había escuchado de importación, podría decirse que nuestra reputación fue en aumento. La gente no nos veía igual que en Gran Bretaña. Siempre creí que la gente estaría muy orgullosa de nosotros en Inglaterra, porque casi triunfamos en Estados Unidos cuando salió *Give 'Em Enough Rope* e hicimos nuestra primera gira. Espero que a la gente le resultara inspirador.

JOE: La gente me preguntaba si el público norteamericano era distinto del europeo, pero cuando estás ahí arriba no aprecias las diferencias. Algunas noches el público está bien y otras no, pero jamás aprecié entre el respetable una línea de demarcación nacional ni nada por el estilo.

MICK: Al llegar a Estados Unidos desde Canadá siempre te mareaban un poco. En algunos lugares nos alineaban contra la pared, sacaban los perros y los paseaban entre las maletas, que estaban donde Cristo perdió el gorro.

MICK: Recuerdo que nevaba cuando llegamos a Vancouver, donde, por algún motivo, cada vez que tocabas algo te llevabas una descarga eléctrica porque había mucha energía estática. Nos metimos en un autobús y salimos de gira a la manera tradicional, con desplazamientos nocturnos.

PAUL: Esa primera gira por Norteamérica fue fantástica, con Bo Diddley acompañándonos en el autobús. Solía beber una cosa llamada Rock & Rye, que era un whisky afrutado, y a nosotros nos pareció delicioso. Joe lo adoptó como su bebida predilecta antes de subir al escenario. Bo era estupendo. Se pasaba la noche en vela contándonos chistes en la litera con la guitarra.

MICK: No recuerdo muchos de los conciertos de aquel tour, que fue muy breve. Solo me acuerdo del autobús y de ver pasar Estados Unidos en el exterior, como si fuera una película interminable.

JOE: Nunca creímos que llevar canciones de Londres a Norteamérica fuese algo extraño. Nos invitaban a *Saturday Night Live* o *Fridays*, en la cadena ABC, y hacíamos lo de siempre.

EL NUEVO JEFE

PAUL: Tras la marcha de Bernie, llegó Caroline Coon, pero no era una seria aspirante al puesto de representante. Dijo que pondría las cosas en marcha y lo organizaría todo, por ejemplo, la primera gira por Norteamérica que íbamos a realizar. Así que Joe y yo dijimos que nos gustaría mucho que Bo Diddley saliera de gira con nosotros, pensando que era lo más exorbitante que podíamos pedir y, no sé cómo, pero Caroline lo consiguió.

JOE: Después de la gira *Pearl Harbour*, donde la gente estuvo receptiva y comprendió nuestra música, regresamos a Londres y no teníamos mánager. Por alguna razón, acabamos en Blackhill Management.

PAUL: Blackhill era una empresa de representación sin más: salías de gira, grababas, salías de gira y volvías a grabar, y así siempre. Carecían de la pasión que sí tenía Bernie.

MICK: Aunque Bernie siempre se involucró al cien por cien en los asuntos del grupo, no se comunicaba con nosotros y siempre ocurría algo que ignorábamos. Ojalá nos hubiera informado de muchas cosas, porque de ese modo no hubiera habido tantas fricciones.

PAUL: Como echamos a Bernie, tuvimos que abandonar Rehearsals Rehearsals y necesitábamos un lugar nuevo donde trabajar. Johnny Green [el road manager de The Clash] nos encontró un estudio cerca de Pimlico llamado Vanilla y era perfecto, muy íntimo.

MICK: Al separarnos de Bernie tuvimos que dejar Rehearsals Rehearsals porque era su casa. Johnny Green nos encontró un nuevo local en Pimlico. Pero en Rehearsals Rehearsals estaba la gramola de Bernie, y en ella nuestros discos favoritos, cosas como «Pressure Drop», «Two Sevens Clash» o «MPLA», de Taper Zukie, música que nos había servido de inspiración.

PAUL: La gente de Blackhill era realmente aburrida, siempre fumando marihuana e intentando mantener reuniones con el grupo, pero yo respondí que no asistiría a ninguna a menos que me consiguieran un disfraz de conejo. Un día convocaron una reunión y me aguardaba un disfraz de conejo ridículo, así que dije: "Muy bien, tíos, ésta me la vais a pagar". Me lo puse y volví a la reunión, pero empecé a propinar patadas a todo el mundo y a soltar tacos y desbaraté el encuentro. A Mick y Joe les dio un ataque de risa.

«I Fought the Law»

MICK: Cuando trabajábamos en *Give 'Em Enough Rope* en San Francisco había una gramola fantástica en el estudio, el Automat. En ella estaba la versión que hicieron los Bobby Fuller Four de «I Fought the Law» y Joe y yo disfrutábamos mucho escuchándola. Muchas de nuestras versiones eran temas que nos gustaban, que escuchábamos y tocábamos en aquella misma época.

TOPPER: Cuando Mick y Joe la tocaron por primera vez con la guitarra acústica, les dije: "Ah, no, yo no pienso tocar eso. Suena horrible". Por supuesto, en cuanto se incorporó la batería y se electrificó, sonaba estupenda.

«Groovy Times»

JOE: Esa canción trae causa de las vallas que estaban colocando en los campos de fútbol ingleses. Era horrendo, parecían jaulas. Aquello me sacaba de quicio.

MICK: Yo siempre la relacioné con el detergente en polvo, con un paquete de Daz. La idea de Bob Jones tocando la armónica fue mía. Era una broma sobre Bob Dylan.

«Gates of the West»

MICK: Fue nuestra reacción al hecho de estar en Estados Unidos. Creo que la grabamos en el Record Plant de Nueva York.

JOE: Originalmente se iba a titular «Rusted Chrome».

LA FACTURA DE *LONDON CALLING*

MICK: Creo que la opción de Guy Stevens como productor se me ocurrió a mí. No estoy seguro, pero no recuerdo que se hablara de nadie más. Sabía que Bill Price había trabajado con Guy y que lo conocía bien. Fuimos a su casa para conocerlo antes de empezar y estaba muy molesto por una película de Led Zeppelin que acababa de ver, *The Song Remains the Same*, y tenía el disco en las manos y estaba cada vez más enfadado con las fantasías que había filmado el grupo. De repente, arrojó el disco disgustado y alcanzó a Joe en el ojo y lo derribó. Guy se mostró muy preocupado y corrió hacia Joe mientras éste yacía en el suelo con un moratón en el ojo. Fue una especie de reunión de preproducción.

JOE: En aquella época estábamos de capa caída, y creo que era en esos momentos cuando demostrábamos nuestra valía. Entre mayo y agosto ensayamos cada día en Pimlico e ideamos lo que sería *London Calling*.

MICK: El estudio Vanilla estaba muy aislado y no nos visitaba mucha gente porque no era fácil dar con el lugar. Se encontraba en la parte trasera de un garaje y no había forma de adivinar que había algo allí, así que estábamos incomunicados. Tenías que venir con cita previa. Estuvimos allí unos seis meses.

PAUL: Éramos buenos amigos durante los ensayos para el álbum *London Calling*. Trabajábamos religiosamente durante cinco o seis horas al día en una sala sin ventanas, solos los cuatro. Estábamos muy unidos en aquel momento.

MICK: Los arreglos se hicieron antes de entrar en el estudio. Grabamos demos de todos los temas, además de algunas canciones extra que no aparecieron en el disco definitivo. Pero a medida que escuchas *London Calling* percibes una energía casi instintiva en él.

TOPPER: Un día, Guy llegó al estudio, donde había una montaña de sillas de orquesta apiladas, y cogió una de arriba de todo, de manera que cayeron todas las demás. Si escuchas, las puedes oír de fondo en una de las canciones, las sillas cayendo y Guy exclamando: «¡Uy!».

JOE: Fuimos a los Wessex Studios con Guy Stevens y grabamos aquel disco. En cuanto tocamos el último acorde, Bill Price empezó con la mezcla bajo la supervisión de Guy, y nos fuimos de gira, de nuevo, por Estados Unidos.

PAUL: Una vez, Guy se presentó en el estudio con un tipo, y pensé que sería un amigo suyo o algo así. El tío se pasó el día allí sentado, escuchando la sesión. Más tarde descubrimos que era el taxista de Guy, que lo había recogido aquella mañana.

MICK: Guy era un seguidor acérrimo del Arsenal, y solía pasar por Highbury antes de ir al estudio. Cogía un taxi y hacía esperar al taxista hasta que pisaba aquel césped sagrado. Siempre venía luciendo su bufanda del Arsenal.

PAUL: Un día estábamos tocando una canción y en la cabina de control había dos hombres hechos y derechos peleándose por la mesa de mezclas. Guy forcejeaba con Bill, agarrando un disco. Fuimos a ver qué pasaba y resulta que Guy trataba de poner una grabación de un partido del Manchester United contra el Arsenal. Supongo que intentaba generar cierto entusiasmo, no lo sé. Le gustaba que reinara alguna atmósfera en el estudio, pero nos encontrábamos a mitad de una canción. Bill estaba intentando que el tema siguiera adelante y Guy pretendía poner aquel disco.

MICK: Antes de que Guy llegara, Bill colocaba en posición los atenuadores y tocábamos. Entonces aparecía Guy e intentaba subirlos todos y se desataba una pelea. «¡Súbelo!», decía Guy, y Bill los devolvía a su posición original y ambos se precipitaban por encima de la mesa peleándose. A veces, incluso, terminaban revolcándose por el suelo.

TOPPER: Guy era el alma de la fiesta. A media toma, se enzarzaba con el ingeniero sobre la mesa de mezclas, o aparecía la policía con él tres horas tarde porque lo habían encontrado atrapado en unas obras de la carretera. Me encantaba aquello.

MICK: Guy tenía una manera propia de bajar las escaleras. En el estudio había una larga escalinata y Guy bajaba los escalones de dos en dos o de tres en tres, y siempre acababa rodando. Un día bajó muy rápido y entró en la sala en la que estábamos tocando, agarró una escalera y la volteó por encima de su cabeza. Cuando Joe tocaba el piano, Guy le decía: «Toca como Jerry Lee Lewis, como Jerry Lee Lewis», escupiéndole en la oreja y abriendo y cerrando la tapa del piano a golpes. Un día vertió una lata de cerveza en el piano, asegurando que así sonaría mejor. Y así fue.

TOPPER: Mis momentos de mayor inspiración a la batería están en *London Calling*. Solíamos componer, ensayar y grabar, y así concebimos todo el disco. Probablemente por eso sea el mejor, porque escribimos, ensayamos y luego lo grabamos, en lugar de llegar al estudio y ver qué ocurría.

JOE: Muchos dicen que ese álbum doble es el mejor. Lo grabamos con mucho trabajo ininterrumpido. No éramos gente de clubes nocturnos, así que nos dedicábamos a componer, ensayar y grabar.

MICK: En Vanilla escribimos algunas canciones, por tandas. Fuimos bastante prolíficos en aquella pequeña sala. Probábamos esto o aquello, trabajando en una melodía o una letra. Pero cuando entrábamos en el estudio no estaban terminadas del todo, así que las finiquitábamos allí.

PAUL: Escribir canciones me suponía un problema porque siempre tocaba reggae, reggae y más reggae, y no dominaba totalmente el instrumento. Aprendí unos cuantos acordes de guitarra viendo a los demás en el escenario, pensando que si aprendía, una vez que tuviera ideas para las canciones, podría mostrarles cómo darles un toque más roquero, pero carecía del vocabulario musical necesario para hacerlo.

MICK: En la época del tercer disco seguíamos aprendiendo y creciendo, y ampliamos nuestra paleta musical. Llegó un punto en que el punk era cada vez más estrecho de miras con respecto a lo que podía lograr y adónde podía ir. Era como si estuviese arrinconándose, y nosotros queríamos hacer de todo. Creíamos que era posible tocar cualquier estilo de música.

PAUL: Un día, en Wessex, llegaron unos policías buscando a Guy. Topper salió por piernas, Mick y Joe se quedaron inmóviles y yo estaba bajando las escaleras cuando los vi. Me pareció reconocer a uno de ellos: era Wilko, de los Blockheads de Ian Dury. El grupo venía de los estudios de

Top of the Pops, donde habían estado filmando «I Want to Be Straight».

JOE: Había mucha intensidad en nuestro trabajo, y nuestro divertimento era jugar partidos de fútbol, cinco contra cinco, para iniciar la jornada de ensayos. Jugábamos a fútbol hasta que caíamos exhaustos y luego nos poníamos a tocar. Era un buen ejercicio de calentamiento. No hacíamos estas cosas premeditadamente, sino por accidente.

MICK: Un día, Mickey Gallagher [teclista] se rompió el brazo echando un partido de fútbol con nosotros, lo cual le dejó fuera de juego durante buena parte de la grabación. Solo podía tocar el Hammond con una mano, así que Joe y yo aporreamos muchas de las partes de piano.

PAUL: Enfrente de Vanilla había un campo de fútbol al que solíamos ir a jugar. Un día, llegaron unos tipos de la compañía de discos con unos estadounidenses y los llevamos al campo con nosotros. Como no era un jugador muy habilidoso, acostumbraba a soltar patadas a diestro y siniestro, así que cuando tenía la pelota, todos huían. Mick era muy rápido y ágil, y Joe era la bestia de carga que siempre luchaba por llegar al balón. Topper también era bastante bueno. Pero los de la discográfica no tenían ni idea. Les propinábamos patadas en la espinilla y los tirábamos al suelo. Fue divertido.

MICK: No escatimamos en patadas el día que vinieron los directivos de la compañía de discos y jugaron a fútbol con nosotros. El campo era de cemento. Mientras estuvimos en Vanilla, siempre que aparecía alguien de visita, lo arrastrábamos al campo de fútbol.

«Guns of Brixton»

PAUL: Me di cuenta de que cobrabas por componer, y yo no recibía nada por el diseño o la ropa, así que pensé: "Al carajo, me implicaré más en la música". De ahí que compusiera «Guns of Brixton».

PAUL: En realidad, pretendía que «Guns of Brixton» sonara más roquera pero, dadas mis carencias musicales, se me hacía muy difícil comunicárselo a los demás.

«Card Cheat»

MICK: Grabamos el tema dos veces para conseguir ese "muro de sonido" típico de Phil Spector. La grabamos y luego agregamos más pistas. Por eso suena tan grande. Tocamos todos los instrumentos y luego los superpusimos de nuevo.

«Brand New Cadillac»

TOPPER: Siempre recordaré esa grabación. Fue una sola toma en directo. Guy dijo "¡Ya está!". "No podemos dejarla así, se acelera", repuse yo, a lo que él contestó: "¡Fantástico! El rocanrol es así. ¡Toma válida!". A partir de entonces, las sesiones ganaron ritmo.

PAUL: Guy me hizo sentir muy cómodo, y si tocaba una nota equivocada le daba igual. Después de tocar «Brand New Cadillac» le dije que había cometido un error, y él respondió: "No importa, ha quedado genial".

«Lost in the Supermarket»

MICK: La escribió Joe, y siempre pensé que hablaba de mí cuando era pequeño, aunque no me crié en el extrarradio. Me afectó de manera personal, y todo el mundo creía que yo era el compositor porque la había cantado. En lo que respecta a las composiciones, no siempre es lo que parece, pero generalmente yo me encargaba de la música y Joe de las letras.

TOPPER: La noche antes de la grabación fui a ver a Taj Mahal y su batería tocó muchos ritmos con el bombo. Cuando llegué al día siguiente, pensé: «Aquello sonaba bien, voy a probarlo en este tema».

«Death or Glory»
PAUL: Mientras grabábamos «Death or Glory», Guy perdió la cabeza. Irrumpió en la habitación cogiendo sillas y lanzándolas contra la pared. Creímos que se había vuelto loco, pero seguimos tocando.

«Rudie Can't Fail»
JOE: No la compuse para *Rude Boy*, fue mucho después. El verano (de 1979) fue fantástico, e íbamos a ver bailes de las Antillas y bebíamos Special Brew para desayunar. Fue una buena época.

«Spanish Bombs»
MICK: A Joe le gustaba mucho Lorca y ese es el espíritu de la canción.

JOE: Una noche, a las cuatro de la mañana, cogimos un minitaxi en Wessex para ir a casa y hablaban de ello en la radio. Cada día sobre esa hora informaban sobre bombas que habían estallado en las playas del País Vasco, en España. Me volví hacia mi novia, Gaby, que iba sentada a mi lado, y le dije: "Debería escribir una canción titulada «Spanish Bombs»".

«Clampdown»
JOE: Tocamos esa canción unas cuantas semanas antes de escribir la letra. Cuando Mick la compuso, la tituló «Working and Awaiting» y, por alguna razón, luego la rebautizó «For Fuck's Sake» antes de que se convirtiera, definitivamente, en «Clampdown». Lo que inspiró el texto fue la catástrofe nuclear accidental que estuvo a punto de producirse en Three Mile Island.

ESA FOTOGRAFÍA DE LA PORTADA

PAUL: Ya había destrozado algún que otro bajo y no sentía ningún respeto fetichista por ellos. En cuanto me compraba uno nuevo, cogía un martillo y lo golpeaba por todas partes, haciendo saltar astillas. Lo veía como una herramienta, eso es todo. Estábamos actuando en el Palladium de Nueva York y había mucha tensión. Me sentía como si estuviésemos tocando en Londres. Hacia el final del concierto, tuve la sensación de que nada había salido bien, no me sentía satisfecho; posiblemente porque el público debía permanecer sentado y no podía levantarse y bailar, aunque insistíamos en que siempre que tocáramos el público debía estar de pie y colocarse cerca del escenario. Me hizo sentirme vacío y, por pura frustración, agarré el bajo y empecé a dar golpes porque no se había producido interacción alguna con el público, que es de lo que nos alimentábamos como grupo. Pennie Smith inmortalizó el momento.

MICK: Vi de reojo cómo Paul destrozaba el bajo. Pero si observas esa imagen, suceden muchas más cosas. En la parte posterior aparece corriendo un miembro de seguridad. La foto captura muy bien la acción.

Cuando los Clash empezaron, Paul no sabía tocar ningún instrumento, y Joe y Mick tuvieron que familiarizarle con los rudimentos del bajo; cosa que hubo que hacer, con frecuencia, en plena faena.
© Richard Young / Rex Features

Portada de la edición de 1977 del día de Año Nuevo del semanario musical británico *Sounds*.

Joe fotografiado en la cocina de su primer apartamento de pago en Londres, un piso de dos habitaciones en el oeste de la ciudad, mientras conversaba con el redactor de *Sounds* Peter Silverton. Elvis todavía estaba vivo cuando se tomó la foto y estaba considerado decididamente poco *cool* por la prensa musical del día, aunque Peter era un gran admirador del rey, como Joe sabía. © Urbanimage. TV / Adrian Boot

ON THE ROAD WITH THE CLASH

By Giovanni Dadomo

Desde la primera actuación, The Clash rara vez andaba de gira sin acompañarse de periodistas o fotógrafos. Habiendo escrito una de las primeras loas sobre la banda, Giovanni Dadomo, de *Sounds*, fue un invitado muy bienvenido en el *White Riot Tour*.

160

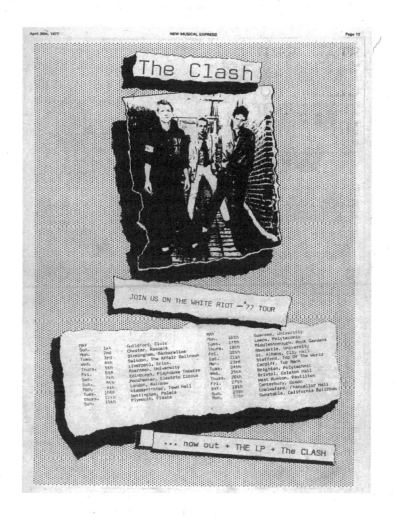

Anuncio original a página completa para la gira *White Riot* del *NME* del 30 de abril de 1977. Las fechas muestran que la banda tuvo que viajar siguiendo una ruta demencial alrededor del país, yendo de Cardiff a Brighton, de allí a Bristol y, acto seguido, al extremo opuesto del país (North Norfolk) sin tiempo apenas para llegar a su destino.

Mick actuando con una camisa a medida a la que se agregaron hebillas y algunos parches. © Urbanimage. TV / Adrian Boot

A medida que la banda actuaba con cierta regularidad, se ganaron una bien merecida reputación por tener un directo brutal. Una gran parte del show no era para nada una actuación; todo lo que tocaban y cantaban era genuinamente auténtico. © Lex Van Rossen / Redferns

Octavilla japonesa anunciando una proyección de *Rude Boy.*

«Creo que era un álbum
sencillo brillante, increíble,
y un doble muy, muy bueno.
Pero, en mi opinión, hay
mucho relleno para un
disco triple.»

TOPPER

1980

El grupo regresó a Inglaterra a mediados de octubre de 1979, después de la gira norteamericana *Take the Fifth*. Se tomaron un par de meses libres para promocionar el álbum *London Calling* y el single homónimo (7 de diciembre), que alcanzaría el número once en la lista británica de sencillos. Por insistencia del grupo, el disco doble se vendió al precio de un LP sencillo, y llegó a las tiendas justo a tiempo para Navidad (14 de diciembre). Su edición se pospuso hasta enero en Estados Unidos. El disco llegaría al noveno puesto en las listas de Reino Unido y al vigésimo séptimo en Estados Unidos.

Para los Clash, el año anterior había finalizado en territorio nacional cuando ofrecieron dos conciertos secretos, los días de Navidad y San Esteban, en el Acklam Hall, un club para jóvenes situado bajo la Westway. El 27 de diciembre tocaron en el Hammersmith Odeon sumándose a unos conciertos benéficos para Kampuchea repartidos en cuatro noches. Los cabezas de cartel, la noche que actuó The Clash, fueron Ian Dury & The Blockheads (las demás noches los Wings, The Who y Queen), a los que se unió Mick para interpretar el tema «Sweet Gene Vincent».

Aquellos conciertos supusieron un calentamiento previo para la gira internacional *Sixteen Tons*, que daría comienzo en enero de 1980 en Aylesbury y recorrería todo Reino Unido, Estados Unidos y Europa, y concluiría en Islandia el 21 de junio.

Acto seguido, entraron en el estudio para registrar su cuarto disco.

«SIXTEEN TONS»

PAUL: Desde el primer día, decidimos que, una vez afináramos los instrumentos y estuviésemos listos para empezar, iríamos a toda máquina. Pero eso cambió con los años, y elegimos ciertas canciones que habíamos descartado. «Sixteen Tons», de Tennessee Ernie Ford, fue una de las primeras y todo partió de ahí.

TOPPER: Cuando salíamos de gira, en todo momento me sentía el amo del mundo. Me encantaban los tours, minuto a minuto.

PAUL: Mikey Oread apareció en Escocia embutido en una trenca y no había visto la nieve en su vida porque acababa de llegar de Jamaica. Fue fantástico y conectamos al instante. Conocía sus discos porque Don Letts me había pasado algunos y lo sabía todo sobre él.

«Bankrobber»

MICK: Tuvimos una gran pelea en el aeropuerto de Heathrow (no recuerdo dónde íbamos) con el jefe de CBS, Maurice Oberstein, que iba acompañado de su perro y de su chófer, que era una mujer. Oberstein no quería que sacáramos doce singles en un año, pero al final se editó «Bankrobber» en Inglaterra —así que conseguimos publicar un single en doce meses— y llegó al número doce en las listas. Nunca aparecimos en *Top of the Pops* (en aquella época, el único programa musical de la televisión británica que repasaba las listas de éxitos) porque era una porquería, así que pusieron a su compañía de baile, Legs & Co, a ejecutar una coreografía al son de nuestra música. Iban todos vestidos de atracadores de bancos, con máscaras y sombreros, y el baile fue harto hilarante.

JOE: Durante todo el verano fue el único disco que se oía en la radio y en Grove. Un día fui a Ladbroke Grove a comprar el periódico y bajó un grupo de estudiantes negras de un autobús. Una de ellas dijo: «Ése es el tío que hizo "Bankrobber"», y me rodearon y se quedaron mirándome, porque no podían creerse que un blanco con pintas raras fuese el artífice de aquel disco. Nunca lo olvidaré. Se plantaron allí, mirándome, y no mediaron palabra. Eran incapaces de procesarlo.

MICK: Rodamos un vídeo de «Bankrobber», y parte de él se filmó en Lewisham cuando actuamos allí, en febrero de 1980, con Johnny y Baker. Ambos estaban delante de un banco en la avenida principal de Lewisham y llevaban sombrero, abrigo largo y máscaras, como si fueran gánsteres de una película americana, y la policía los detuvo porque les pareció que su aspecto era sospechoso. ¡Como si los atracadores de bancos fuesen tan idiotas!

SANDINISTA!

JOE: Eran tres vinilos de larga duración al precio de uno y tuvimos que hacer un gran esfuerzo para poder editarlo. Renunciamos a nuestros derechos de autor para que la compañía lo sacara. Muchas veces he debatido con la gente qué material debía figurar en él y qué material debería haberse excluido, pero ahora, en retrospectiva, no puedo separarlo. Es como las capas de una cebolla: hay algunos temas estúpidos y otros brillantes. Cuanto más pienso en él, más satisfecho me siento de que sea como es. El hecho de que se grabara de una tacada, y luego se editara, lo hace doblemente escandaloso; triplemente escandaloso. Lo único que puedo decir es que me siento orgulloso de él con todas sus imperfecciones. Es magnífico y no lo cambiaría aunque pudiese, y esto lo digo después de meditarlo con detenimiento.

MICK: En lo relativo al material, estábamos en racha con *Sandinista!* Improvisábamos mucho en el estudio, y buena parte de ese material acabó convertido en canciones.

JOE: El búnker de la marihuana era fantástico porque me gustaba estar con gente. De lo contrario, te encuentras en una burbuja aislada. Pero se hacía con cuidado, porque hay que vigilar que la gente no vierta vino sobre la mesa de mezclas o algo así, de modo que inventé el búnker de la marihuana, en el que podías fumar, pasar el rato y charlar en el mismo estudio, pero apartado geográficamente de la sala de control, que era un lugar en el que podía reinar la cordura y la gente podía ecualizar las cosas correctamente.

MICK: Durante la grabación de *Sandinista!* estábamos experimentando. Todo el disco es un experimento. Fue un desarrollo continuado. Todavía estábamos aprendiendo, absorbiendo influencias. Para producir debes recibir información externa.

JOE: El búnker de la marihuana era el lugar en el que ideábamos lo que llegaría después. En cuanto contábamos con una mezcla básica, decíamos: «Cinta virgen en el carrete y saquemos los micrófonos», porque trabajábamos día y noche. Por eso salió un disco triple, aunque habría sido mejor un doble o un sencillo, o incluso un EP. El hecho es que grabamos toda aquella música en un mismo lugar y de una tacada en solo tres semanas. Para bien o para mal, esa es la historia de lo ocurrido.

JOE: Yo solía dormir bajo el piano. No había manera de sacarnos de aquel estudio ni queriendo. Tuvieron que arrancarnos de allí al cabo de tres semanas.

PAUL: Viajamos a Kingston, Jamaica, y fue genial, por fin estaba allí. Pasé todo el tiempo con Mikey y me presentó a gente. Un día me dijo: «Tienes que conocer a este tío. Le han disparado dieciocho veces». Vi que llevaba una pistola metida en el calcetín. Luego, Mikey me dijo: «Es famoso porque descubrió a unos ladrones robando en un banco y los obligó a ir a gatas desde allí hasta la cárcel». Mikey fue mi pasaporte para salir de allí. Si hubiese ido solo, habría estado a merced de la Ciudad de las Artimañas, porque eso es lo que era realmente Kingston, la Ciudad de las Artimañas.

MICK: Si muchos lugares resultaban apacibles y relajados era porque en aquella época nos habíamos vuelto más tranquilos. Nos habíamos calmado bastante.

PAUL: Mientras estuvimos en Kingston fuimos a grabar a Studio One. Empezamos y, por razones que desconozco, Topper tuvo que marcharse, así que conseguimos que Style Scott, de los Roots Radies, tocara la batería y sacó unos ritmos tremendos. Un mes antes, los Rolling Stones habían visitado el estudio y repartieron dinero para tener contento a todo el mundo, así que también empezaron a pedirnos dinero a nosotros. De repente, se produjo una situación extraña cuando entró Mikey en el estudio y anunció: «Chicos, será mejor que os marchéis. Los pistoleros vienen hacia aquí». Tuvimos que salir pitando de allí. Cogimos los instrumentos y nos fuimos.

JOE: Cuando estábamos en Jamaica grabando «Junco Partner» con Mikey Dread, había tiroteos por todas partes en Trenchtown. Se celebró un mitin político y decidimos ir, como unos completos idiotas, sin saber que teníamos que pagar al padrino para que nos permitieran la entrada. Empezamos a grabar una canción titulada «Kingston Advice», que acabó chapuceramente al final de ese disco, pero tuvimos que acabarla en otro lugar. Me encontraba sentado al piano en Studio One, que tiene un sonido desafinado increíble, el sonido de la ciudad, cuando Mikey me dio unos golpecitos en el hombro. «¿Qué?», pregunté, y él me respondió: «Tenemos que largarnos». Le miré a los ojos y me di cuenta de que hablaba totalmente en serio. Mikey tenía un Renault diminuto, como esos coches que utilizan los granjeros para llevar los pollos al mercado; no era ni siquiera una furgoneta, solo un pequeño Renault con algo de espacio en la parte trasera. Los Clash al completo y nuestros compañeros salimos corriendo de Studio One y nos subimos a aquel trasto. El mástil de las guitarras sobresalía del coche, e incluso diría que iba gente agarrada a él mientras salíamos a toda prisa de allí. Unos negros muy bien vestidos también huyeron con nosotros, porque los pistoleros iban a venir y pensaban acabar con todo el mundo. «¿Quién creéis que sois viniendo a Kingston sin pagar, blancos de mierda?» Ocurren cosas como ésas y fue algo positivo para nosotros. De todo se saca provecho.

MICK: Las letras eran muy ingeniosas. Era algo muy variado que se prestaba a distintos estilos musicales. De hecho, intentábamos expandirnos en varias direcciones, tratando de evitar que nos arrinconaran musicalmente.

JOE: Mick Jones es el rey de los arreglos. Siempre buscaba algo nuevo, y en el Nueva York de 1980, ese algo nuevo era el rap. En aquel momento triunfaban los Sugar Hill

Gang de Kurtis Blow, la emisora WBLS sonaba por toda la ciudad y captamos parte de aquellas vibraciones y creamos nuestra propia versión del rap.

MICK: Estaba tan obsesionado con el rap y el hip-hop de Nueva York que los demás me llamaban «Whack attack*». Me paseaba por ahí con un radiocasete y llevaba una gorra de béisbol al revés. Se cachondeaban de mí constantemente, pero estaban abiertos a mis propuestas musicales y yo no era el único que las planteaba.

MICK: No recuerdo lo que sucedió en el estudio. Mucha gente de fiesta, creo.

PAUL: Hay ciertas canciones que yo no habría incluido, pero yo soy solo uno de los miembros. «Silicone on Sapphire» no la entiendo, no le veo el sentido. Para mí no hacía más que ocupar espacio, pero quizá los fumetas encontraran algo bueno en ella.

TOPPER: No disfruté grabando *Sandinista!*. Básicamente porque, en mi opinión, debería haber sido un álbum doble.

PAUL: Joe y yo hubiéramos aceptado que fuese un disco doble, pero teníamos libertad de acción para que saliera cualquier cosa.

MICK: La compañía discográfica no quería que se vendiera un disco doble como *London Calling* a precio de sencillo, así que debieron de exasperarse cuando propusimos que *Sandinista!* fuera un álbum triple. Decidimos robar los masters y guardarlos a buen recaudo hasta que las negociaciones hubieran finalizado. Aceptaron que fuese un

---

* En la jerga afroamericana, *whack attack* hace referencia a la enajenación provocada por las drogas. *(N. del T.)*

disco triple, pero tuvimos que renunciar a los derechos de autor de las primeras 200.000 copias o algo así. Creo que no se vendió esa cifra hasta pasados diez años, pero así fueron las cosas.

MICK: ¡Por supuesto, la gente pensaba que alguna pega tendría el disco para que fuese tan barato! No siempre se gana.

MICK: Con el tiempo, no fueron pocos los que se refiririeron a *Sandinista!* como a un álbum de seminal influencia. Supongo que dichos elogios obedecían al hecho de que era muy variado, experimentaba con numerosos estilos de música y contenía muchas ideas nuevas.

«Sound of the Sinners»
MICK: Fue cosa de Joe. La compuso él y dijo: «Hagamos algo al estilo góspel», y en aquel momento pudo hacerse.

«Somebody Got Murdered»
JOE: El encargado del aparcamiento en la finca de World's End en la que vivía fue asesinado por cinco libras. Un día recibimos una llamada de Jack Nitzsche, y nos dijo que necesitaba un tema de rock duro para una película con Al Pacino, y acepté. Colgué, me fui a casa y vi a aquel hombre en un charco de sangre junto a la cabina del aparcamiento. Aquella noche escribí la letra, se la di a Mick y él compuso la melodía. La grabamos y no volvimos a tener noticias de Jack Nitzsche nunca más.

TOPPER: Queríamos que se oyera un perro policía o un perro guardián. Mi chucho, Battersea, no permitía que nadie me pegara, así que fuimos al estudio y lo sujeté con fuerza, y cada vez que queríamos que ladrara, Joe me daba un golpe. Siempre que lo hacía, Battersea se le echaba encima, así que tenía que agarrar muy fuerte la correa.

«Charlie Don't Surf»

JOE: El cine era un elemento muy importante de nuestra vida cultural. En aquel momento, el cine parecía más importante por alguna razón. «Charlie Don't Surf» era una frase que saqué de una película, *Apocalypse Now*. Era como sostener el extremo de una cuerda que llevaba atada una canción.

«Stop the World» (cara B de «Call Up»)

JOE: Yo estaba en el estudio. Fue durante un receso o cuando el grupo en pleno no estaba allí, y andaba jugueteando con el órgano, intentando tocar «Green Onions», pero no me salía. Le pedí a Topper que me acompañara mientras yo tocaba y lo grabé porque me pareció interesante, aunque no fuera «Green Onions». Escribí la letra cuando regresamos a Inglaterra, justo antes de que se convirtiera en una cara B.

«No recuerdo haber tenido
vacaciones mientras existió
el grupo. Era un no parar.»

MICK

1981

Sandinista! se editó el 12 de diciembre de 1980 en Reino Unido como disco triple, pero se vendió al precio de un LP sencillo (y alcanzó el puesto diecinueve en la lista de álbumes). En Estados Unidos salió a la venta en enero de 1981 (puesto vigésimo cuarto en el mismo ranking). Las condiciones del acuerdo que habían negociado con CBS para vender un disco triple al precio de un álbum sencillo no fueron ventajosas para el grupo y lo cierto es que perdieron la oportunidad de percibir cuantiosos emolumentos en concepto de derechos de autor. Y, precisamente, en el momento en el que se acumulaban las deudas y que el grupo se sentía aburrido y desilusionado con Blackhill, se rescindió el contrato de representación. Joe en particular quería a alguien al mando a quien poder espolear, así que dieron la bienvenida a Bernie una vez más.

PAUL: Afortunadamente, tras un par de años trabajando con Blackhill, Joe se dio cuenta de que algo tenía que cambiar, así que se plantó y dijo que no pensaba trabajar más con ellos. Me alegré de que lo hiciera.

PAUL: Joe quería que volviera Bernie porque con Blackhill no había entusiasmo y Joe necesitaba a su alrededor a alguien como Bernie que le diera confianza. Al menos llegarían ideas con otra perspectiva, que es lo que a Bernie se le daba bien.

PAUL: En aquel momento había madurado un poco, así que no gastaba tantas bromas a Bernie como antes. Aunque una vez estábamos en un avión y me metí debajo de su asiento y le robé los zapatos. A nuestra llegada al aeropuerto teníamos que reunirnos con una gente de la compañía de discos y Bernie acudió a la cita descalzo, pero cuando empezó la reunión se los devolví.

JOE: Cuando Bernie regresó, se le ocurrió proponernos una gira de grandes conciertos.

PAUL: Durante una gira por grandes auditorios europeos, estábamos en Alemania y, de camino a un concierto, Mick dijo: «Yo no voy al concierto; quiero largarme a Nueva York». Gerry, el conductor, respondió: «De acuerdo, vámonos a Nueva York», y siguió conduciendo. Por supuesto, no lo hicimos, pero sirvió para que Mick se calmara.

MICK: Bernie tomó de nuevo las riendas porque la gente creía que habíamos perdido el control, y lo primero que quiso hacer fue contratar siete noches en Nueva York.

LOS CLASH CONQUISTAN NUEVA YORK

JOE: Cuando actuamos como grupo residente en el club Bonds, en Times Square, Nueva York, empecé a darme cuenta de cómo funciona realmente el mundo. No puedes ir a una ciudad como Nueva York y quitarle su vida nocturna.

PAUL: La primera noche en Bonds la actuación fue cancelada por el jefe de la brigada de bomberos, creía que habría demasiado público. ¡Pero habían vendido el mismo número de entradas la noche anterior para un concierto de un grupo llamado The Plasmatics, que hicieron estallar un coche sobre el escenario!

JOE: Al principio nos contrataron para siete noches y, aunque no tengo pruebas de ello, me atrevería a jurar que algunos llamaron al cuerpo de bomberos, al departamento de planificación urbanística, al departamento de tal y cual... Hay una cantidad increíble de burocracia en un país civilizado como Estados Unidos cuya existencia tiene como fin impedir que la gente baile o se lo pase bien, e incluso que se congregue. Se había producido tal demanda de entradas que la taquilla del club había vendido más de las que podía. La brigada de bomberos se enteró y canceló los conciertos.

PAUL: En la noche de Nueva York había mucha política, y gran cantidad de propietarios de clubes se quejaban de que estábamos robándoles el negocio. Ocurrieron algunas cosas un poco extrañas.

JOE: Decidimos actuar independientemente de las entradas que se hubiesen vendido para aquellos conciertos, y acabamos tocando quince noches seguidas, incluida una sesión de tarde que ofrecimos un sábado para los menores de edad.

PAUL: Nos alojamos en el Iroquois Hotel, que es donde solía hospedarse James Dean cuando estaba en Nueva York. Justo frente al vestíbulo había un peluquero que aseguraba haberle cortado el pelo a Dean y que el actor siempre se sentaba en su puerta e impedía el paso a los clientes. Joe y yo íbamos a cortarnos el pelo allí, por supuesto.

JOE: Adoptamos una postura y casi acaba con nosotros. Hay algo curiosamente monótono en aparecer en la misma sala y dar conciertos durante quince noches seguidas.

Eso no es rocanrol. Deberías subirte a un autobús, recorrer mil kilómetros y tocar; por alguna razón, el viaje, o la novedad de cada lugar, te aportan energía.

MICK: Estábamos muy unidos, nuestra música estaba bastante candente y nos sentíamos seguros. Disfrutábamos casi todas las noches. En aquella época las cosas iban bastante bien.

JOE: Topper se llevaba la parte más física del trabajo al tocar la batería. No se ayudaba de cajas de ritmos, se las arreglaba a solas aporreando los parches. Su labor era, con diferencia, la más dura y la desempeñaba brillantemente, porque también se precisaba fuerza mental. Aquellos conciertos fueron difíciles, pero no había manera de escapar. Nos encontramos en una situación que estaba fuera de control. Aparecíamos en las noticias. Fue fantástico llegar a Nueva York y descubrirte en los informativos.

PAUL: Una noche después de un concierto salí a tomar sake con Gerry, uno de los tipos de seguridad. Bebimos tanto que estábamos rodeados por centenares de esas botellitas e iba tan borracho que tuve que pedirle que volviéramos al hotel, así que me llevó y subí las escaleras a rastras. Al día siguiente le vi y le pregunté cómo estaba. "Fatal", me dijo. Había vuelto a tomar más sake, conoció a una gente que le invitó a una fiesta, aceptó y los siguió. Estuvo siguiéndolos durante horas, hasta que el coche que iba delante se detuvo y se le acercó alguien a quien no había visto nunca y le preguntó por qué les seguía. Había ido detrás del coche equivocado. No recordaba nada más, pero se quedó dormido en una carretera. Su coche quedó abollado por todas partes, pero él estaba bien.

MICK: Eran los comienzos del rap en Nueva York y conocimos a unos grafiteros que pintaron «The Clash» en una pancarta enorme que desplegamos desde lo alto del edificio en el que actuábamos.

JOE: Supongo que algunas noches estuvieron bien, pero no creo que diéramos lo mejor de nosotros mismos en todos los bolos.

MICK: Durante la residencia en Bonds tuvimos muchos teloneros distintos: una noche actuó Grandmaster Flash y el público lo abucheó, cosa que nos molestó mucho. Siempre intentábamos llevar a grupos del momento, y a otros que habían llegado antes que nosotros. Pero supongo que todos estaban allí para ver a The Clash.

PAUL: Colaboramos en un rodaje de Martin Scorsese, que estaba filmando *El rey de la comedia*. Estuvo bien que nos lo pidiera, pero la verdad es que no le vi el sentido al asunto. Lo único que hicimos fue merodear en una esquina durante una hora bebiendo cerveza. Luego pasó un tío, le gritamos y él levantó la mano. Y eso fue todo.

MICK: Pudimos visitar Nueva York y sentirnos parte de la ciudad por primera vez. Me apetecía mucho quedarme.

JOE: Como estuvimos en Nueva York tanto tiempo, intentamos aprovechar los días. Don Letts estaba allí y rodamos una película, *Clash on Broadway*, que al final, en un giro absurdo, se quemó en un almacén de negativos durante una disputa por deudas en el alquiler. Don también se encargó de la producción del vídeo «This Is Radio Clash» y de otras cosas fantásticas.

PAUL: Scorsese tenía algunas ideas para hacer una película con nosotros. Propuso rodar un filme sobre bandas de Nueva York y quería que participáramos en ella pero, para cuando el proyecto avanzó, ya nos habíamos separado.

JOE: En aquel momento, Scorsese estaba rodando *El rey de la comedia* y quería que apareciera una banda callejera que insultara a Jerry Lewis y a De Niro. La verdad es que no nos gustó mucho su planteamiento, porque estaba demasiado ocupado para decirnos qué quería, pero se trataba de una toma larga por las calles de Nueva York mientras miles de personas caminaban por la acera. Ahora pienso que si fuese hoy, me habría abalanzado sobre la espalda de De Niro o habría hecho tropezar a Lewis. Chupar cámara, como se suele decir. Hay que aprender, pero en aquel momento andábamos por allí sin saber qué hacer. En la película solo se ve mi nuca, aunque aparezco en los créditos. Scorsese quería colaborar con nosotros porque estaba trabajando en la película *Bandas de Nueva York*...

MICK: Creo que ya habíamos empezado a trabajar en el siguiente disco, porque recuerdo que tocamos «Know Your Rights» en Bonds. Supongo que por aquel entonces habíamos compuesto un par de temas para *Combat Rock*.

PAUL: Conocí a Andy Warhol en Nueva York y era un tipo que deambulaba tranquilamente por allí, en serio. Era una especie de David Bowie en una película de Warhol.

JOE: No disponíamos de limusinas para ir a todas partes ni nada parecido, nunca nos gustaron esas cosas. Éramos felices con lo que teníamos: una bolsa de marihuana y unas cervezas y ya estábamos satisfechos.

"En la gira por Extremo Oriente perdí la cabeza, en serio. Estaba con Joe en un ascensor y me dijo: '¿Cómo puedo cantar todas estas canciones contra la droga contigo completamente colocado detrás de mí?'. Se estaban acumulando muchas fricciones."

TOPPER

1982

A principios de 1982, los Clash viajaron a Japón para iniciar una gira por Extremo Oriente y los países de la costa del Pacífico. Después de pasarse los meses de marzo y abril componiendo, ensayando y grabando un nuevo disco, actuaron en un festival holandés el 20 de mayo, y nueve días después arrancaba una gira por Estados Unidos con un nuevo batería, ya que habían echado a Topper. El grupo recorrió Estados Unidos durante un mes, y luego regresó a Reino Unido otras cuatro semanas, antes de volver a Estados Unidos una vez más y pasar allí otros dos meses actuando en directo. Habían compuesto, grabado y salido de gira sin pausa durante más de cinco años y la tensión entre los miembros de la banda comenzaba a aflorar.

JOE: No recuerdo qué sucedió... Creo que fuimos a Australia, tocamos siete noches en Sidney y otras dos o tres en Nueva Zelanda. Actuamos en Brisbane, Perth, Hong Kong y Bangkok, y luego volvimos a casa. (También tocaron en Adelaide, Melbourne y Perth durante la minigira australiana).

PAUL: La gira por el Lejano Oriente fue magnífica, sobre todo viajar a Japón por primera vez. Realmente fue como aterrizar en otro planeta. Ya en Australia, al llegar a Sidney nos hospedamos en el Sheraton, en una zona de Kings Cross popular por su mala vida —Mick me dijo que los Beatles habían dormido allí—. Cuando llegamos, me fui directo a mi habitación para recuperar un poco el sueño y había cucarachas por todas partes. De todos modos, conseguí dormir un poco, pero me despertaron unos golpes en la puerta. Allí había tres aborígenes que querían hablar. Me preguntaron si podían subirse al escenario a denunciar su situación. Fui a llamar a Joe, mantuvimos una reunión y, por supuesto, accedimos. Nos dimos cuenta del poder que teníamos, ya que podíamos permitir a aquella gente dirigirse a un público que normalmente no les prestaría atención. Pero cuando tocamos en New South Wales, mientras uno de ellos se encontraba en el escenario pronunciando su discurso, la policía estaba en su casa propinando una paliza a su mujer. No guardo muy buen recuerdo de Australia, y probablemente fuera por eso...

JOE: Por aquel entonces, la salud de Topper iba de mal en peor. Se había enganchado a la heroína. En los días del jazz, el saxofonista era adicto a la heroína, como Charlie Parker. Por la propia naturaleza del instrumento, se diría que es mucho mejor flotar por encima de la música, yendo a la tuya, pero eso no funcionaba con la batería, que es como clavar un clavo en el suelo. Es una labor de precisión. Los ritmos deben estar ahí, y cuando Topper se enganchó, no podía tocar. Con la batería no funciona.

MICK: Fue una locura cuando llegamos a Japón. Yo había viajado desde Nueva York, haciendo escala en Alaska y, cuando llegué, Paul estaba deambulando por el vestíbulo, Joe estaba preocupado y había ocurrido algo con Topper en el ascensor. Era una sensación muy rara. Nos perseguían por todas partes como si fuésemos los Beatles, y la gente gritaba mucho y nos lanzaba regalos. Fue muy bonito.

TOPPER: Había perdido el control. Recuerdo que vomité sobre la tumba de Buddy Holly, y eso no sentó muy bien (en la gira anterior por Estados Unidos). Yo era seguidor de Keith Moon, ya sabes, vive rápido y muere joven, y se me fue por completo la olla.

MICK: Después de Japón, cuando íbamos de camino a Nueva Zelanda, pasamos una tarde en Australia y nos echaron del hotel por tocar nuestra música demasiado fuerte. Solo habíamos hecho un alto durante un par de horas y conseguimos que nos vetaran en el mejor hotel de Sidney.

JOE: Cuando estuvimos en Tailandia, Paul contrajo una enfermedad que lo dejó para el arrastre. Pero eso fue después del concierto en la Universidad de Thammasat, que cuenta con una nutrida historia de revueltas estudiantiles. Allí había muerto bastante gente durante las protestas.

PAUL: Los días que pasé en Tailandia fueron extraños, porque después del concierto me encontré con el que había sido mi profesor de historia en el colegio. Nos escribió las respuestas del examen de bachiller en la pizarra porque le dábamos pena. Vivía en Tailandia, así que me dio un paseo por Bangkok y me enseñó el lugar. Un día me metí en un charco y me cubrió un enjambre de moscas. Luego me puse enfermo y tuve que pasar una semana en el hospital. Joe se presentó allí con unos monjes. Fue todo muy raro.

MICK: En Tailandia solo dimos un concierto, pero acabamos quedándonos dos semanas porque Paul se puso enfermo. Estábamos realizando la sesión fotográfica para la portada de *Combat Rock* y Paul se zambulló en lo que creía que era un charco, pero en realidad se trataba de una especie de barro negro con muchísimas moscas. Estuvo ingresado en una vieja clínica de estilo colonial con una enfermedad tropical. Joe y yo nos hicimos muy amigos de unos monjes que llevaban túnicas naranjas y los llevamos a visitar a Paul en el hospital, y quedaron fascinados al comprobar que tenía una ducha en su habitación. Luego los monjes empezaron a ir al hospital para ducharse. Había montones de monjes haciendo cola para meterse en la ducha. Pasamos un par de semanas divertidas de vacaciones en Tailandia y volvimos a casa.

JOE: Cuando regresamos a Inglaterra entramos en un estudio situado al oeste de Londres y empezamos a trabajar en el repertorio que acabaría conformando *Combat Rock*. Luego viajamos a Nueva York para grabarlo en los estudios Electric Ladyland. Pero por aquel entonces estábamos todos bastante cansados, porque habían sucedido muchas cosas en un espacio de cuatro o cinco años y habíamos editado horas y horas de material a una velocidad inimaginable en estos tiempos.

MICK: Ensayábamos en una especie de sala ocupada al oeste de Londres y alquilamos el estudio móvil y lo aparcamos enfrente. Pasamos el cableado hasta el estudio y grabamos las demos allí mismo.

JOE: Creo que deberíamos habernos tomado un año sabático, pero en aquella época no pensábamos así. Si hubiésemos recargado las pilas, creo que el grupo aún seguiría en activo...

LA GRABACIÓN DE *COMBAT ROCK*

JOE: Creo que grabamos *Combat Rock* muy rápido. No recuerdo haber pasado mucho tiempo en el estudio, quizá porque no fueron unas sesiones divertidas y no veíamos la manera de seguir adelante. Tal vez ya nos habíamos quedado sin combustible en aquel momento, pero creo recordar que se terminó bastante rápido. La mente bloquea algunas cosas, ¿no es así? Y la verdad es que no recuerdo gran cosa de aquellas sesiones.

MICK: En aquella época empezaban a imperar un poco las tonterías. Bernie propuso que grabáramos un disco al estilo de Nueva Orleans, y yo le dije: «¿Qué? Yo quiero que sea un disco de rocanrol». Me desconcertó un poco, pero al principio intentamos tocar algunos ritmos de Nueva Orleans. Ninguno de nosotros parecía comunicarse como es debido, y aquello nos estaba volviendo locos. Nadie parecía disfrutar.

PAUL: Mick se encargó de mezclar las cintas, pero creo que ninguno de nosotros estaba particularmente satisfecho con el resultado. En aquel momento, la guitarra de Mick se convirtió en un fagot o algo parecido. No lo sé. Sencillamente, ya no era una guitarra y resultaba un poco raro. Quizá se aburrió de tanto tocar la guitarra, así que disponía de varios aparatos que hacían que su instrumento sonara como un clavicémbalo o lo que se le antojara. Era casi una orquesta, pero dudo que acabara de entender cómo utilizarla.

MICK: Los demás me dieron permiso para mezclarlo, y yo pensé: «¡Oh, mierda!». En aquel momento era todo un caos que iba a más, por lo que al principio no me apetecía, pero creo que a todos les acabó gustando el resultado final.

TOPPER: Después de grabar *Combat Rock*, de haber tocado en el disco, compuesto una canción y participado de principio a fin en todo el proceso, tuve la sensación de que realmente formaba parte del grupo.

MICK: Acabamos de grabar *Combat Rock* e intentamos mezclarlo durante la gira por Extremo Oriente. Alquilamos estudios en Australia para tal fin pero después de los conciertos acabábamos totalmente deshidratados, tomábamos pastillas de sal e intentábamos grabar, pero la cosa se estancó. No habíamos parado desde *Sandinista!* Teníamos demasiado material y aquello era un desbarajuste total. Con todo, Glyn Johns se hizo cargo del disco y lo convirtió en algo presentable.

PAUL: El problema de Mick es que es un noctámbulo, así que siempre estábamos frente al hotel esperando a que se levantara, y eso acababa agotándote. Pero lo cierto es que siempre había sido así. Nada había cambiado. Supongo que, a medida que íbamos haciéndonos mayores, nos impacientábamos más.

MICK: El resultado final del álbum no estaba muy trabajado ni parecía muy cohesionado pero, al final, ¿a quién le importa? Lo que quiero decir es que ahora llevamos una vida mejor gracias a cómo salió.

JOE: *Combat Rock* contiene algunos de los mejores temas que compusimos. «Straight to Hell» era una de nuestras obras maestras, sin duda. Pero el grupo tenía que desintegrarse después de aquel disco.

PAUL: Lo único que recuerdo de la grabación de *Combat Rock* es que mantuve una discusión de dos horas con Mick sobre el volumen del bajo en «Know Your Rights». Yo quería que sonara un poco más alto y profundo, que tuviera un sonido reggae equiparable al de la guitarra, pero Mick tenía su idea y estuvimos discutiendo durante dos horas. Los demás deambulaban por allí, esperando a que termináramos.

MICK: Cuando estuvimos en Australia, intentamos grabar algunas canciones después de los conciertos, así que tomaba pastillas de sal, porque sudábamos mucho, y luego tratábamos de tocar y mezclar las pistas. Pero empecé a darme cuenta de que en aquel momento no podría mezclar nada.

«Rock the Casbah»

JOE: Descubrimos que siempre que tocábamos una canción en las sesiones de *Combat Rock* duraba seis minutos como mínimo. Después de unos cuantos días así, Bernie vino al estudio y creo que escuchó «Sean Flynn» y dijo: «¿Es que todo tiene que durar como una raga?». A partir de entonces, denominábamos raga a todo lo que hacíamos. Aquella noche volví al Iroquois Hotel, en Nueva York, y redacté con la máquina de escribir: «The King told the boogie man you gotta let that raga drop». Al leerlo pensé en algo que me habían contado: que en Irán te fustigaban por posesión de un álbum de música disco. Así que transferí esa frase de Bernie a los líderes religiosos que intentaban impedir que la gente escuchara música.

PAUL: Cuando salió «Casbah», creo que Mick estaba un poco molesto porque era una canción de Topper, aunque quizá me equivoque.

«Should I Stay or Should I Go?»

MICK: No trataba sobre nadie en particular ni tampoco anunciaba mi marcha de The Clash. Era simplemente una buena canción de rock, nuestro intento por escribir un clásico. Cuando nos limitábamos a tocar, ése era el tipo de cosas que surgían.

«Red Angel Dragnet»

JOE: Los periódicos de la época se hicieron eco del tiroteo de Frankie Melvin. Tuvo mucha repercusión. Por algún motivo, me quedé sin papel para escribir en el hotel y solo tenía sobres del Iroquois. Anoté la letra en el centro del sobre y empezó a fluir, así que continué escribiendo por los bordes, en espiral. Acabé escribiendo tres líneas alrededor de los bordes. "¿Qué opinas de esto?", pregunté a Paul, y él empezó a darle vueltas al sobre para poder leerlo. Iba mirándome de reojo y pensando: «Joe está flipando».

«Ghetto Defendant»

JOE: En una ocasión le pedí a Ginsberg una palabra, pero era solo eso, una palabra. Escribió su parte para «Ghetto Defendant», pero tuvo que consultarnos cómo se llamaban los bailes punk, y le dije: «Bueno, tienes el pogo». La escribió allí mismo; estuvo bien.

«Straight to Hell»

TOPPER: A Mick se le ocurrió esa línea de guitarra y no había manera de ponerle un ritmo de rock, así que empecé a juguetear con la caja. Básicamente es una bossa nova.

JOE: El día después de grabar las pistas básicas era Fin de Año. Había escrito la letra durante toda la noche anterior, en el Iroquois. Fui a Electric Ladyland y grabé las voces. Acabamos cuando faltaban unos veinte minutos para la medianoche. Cogimos el tren E desde el Village hasta Times Square, porque el Iroquois está al lado de la plaza. Jamás olvidaré cuando salimos de la estación de metro, justo antes de medianoche, y nos topamos con millones de personas, y supe que acabábamos de hacer algo grande.

LA VIDA DESPUÉS DE TOPPER

JOE: Sin Topper Headon habríamos muerto de punk, sin duda alguna. Tienes que contar con gente que pueda adaptarse. Si decíamos: "Venga, vamos a tocar «Armagideon

Time», él sabía cómo tocarla". Para mí, la batería es uno de los aspectos más complejos de este arte, toda esa coordinación de las extremidades... Los baterías son una raza aparte, no son hombres corrientes.

TOPPER: En la gira por Extremo Oriente perdí la cabeza, en serio. Estaba con Joe en un ascensor y me dijo: "¿Cómo puedo cantar todas estas canciones contra la droga contigo completamente colocado detrás de mí?". Se acumularon muchas fricciones durante esa época que culminarían con mi expulsión.

PAUL: Los hábitos y las actividades de Topper suponían una mofa para el espíritu del grupo y aquello sobre lo que escribía Joe, y ambos se llevaban mal. Hicimos lo que pudimos con Topper, pero era demasiado, de verdad.

JOE: Todo el mundo tiene que trabajar a toda máquina en nuevas direcciones. No puedes permitirte llevar a determinados sujetos a bordo porque lo ralentizan todo. Pierdes tu espíritu y frenas en seco.

TOPPER: Cuando el grupo me echó, prometí que dejaría de comportarme mal y de tomar sustancias. «De acuerdo, saldremos de gira y si cuando volvamos has solventado tus problemas, podrás volver», me dijeron. Pero mientras estaban fuera, Joe concedió una entrevista y aireó la historia y dijo que me habían echado. A partir de entonces, todo fue aún más cuesta abajo.

JOE: Si tu baterista se desmorona, no importa cuánto le pongas encima, todo se viene abajo como una casa sin cimientos.

TOPPER: Joe se fue a París. Fue una maniobra indirecta para conseguir que me echaran del grupo. Debió pensar:

«He demostrado que no podéis hacerlo sin mí, y ahora quiero a Topper fuera del grupo». Estoy bastante convencido de que la cosa fue así.

JOE: Aquello realmente fue el principio del fin. Sea lo que sea un grupo, es la química de esas cuatro personas lo que hace que funcione. Puedes quitar a una persona y tratar de reemplazarla por quien quieras, o por diez, pero jamás funcionará de igual manera. No suele funcionar y es una gran e inusual suerte que, de vez en cuando, surjan grupos tan longevos como los Booker T and the M. G.'s, The Meters, Creedence Clearwater Revival, Doors, Rolling Stones o cualquier otro gran grupo. Es un fenómneon ciertamente extraño que ningún científico parece haber llegado a cuantificar o calibrar, gracias a Dios.

PAUL: Yo no sabía adónde había ido Joe ni qué había ocurrido. Apareció en una emisora de radio diciendo que podía quedarme con sus discos de Bo Diddley si regresaba, pero cuando lo hizo, no me los dio.

MICK: Íbamos a hacer una gira por Gran Bretaña, y Bernie le dijo a Joe que debía salir por piernas, aunque desconozco el motivo. Joe lo hizo, pero no pudo soportarlo y acabó desapareciendo del todo. Fue otro de esos casos en los que Paul y yo ignorábamos cuál era la situación, casi siempre era así. No sabíamos qué ocurría y estábamos tan preocupados como todo el mundo.

JOE: Quizá cuando hay problemas éstos te mantienen unido, porque todos trabajan en una misma dirección para dar con una solución. «¡Vamos chicos, resistid!». Pero entonces «Rock the Casbah» entró en el Top 5, y lo mismo ocurrió con *Combat Rock* en Estados Unidos, lo cual suponía una novedad para nosotros, porque nuestros discos solían ocupar el puesto 198 o algo así, y de repente todo estalló. Todo el mundo quería el control, todo el mundo quería pilotar la nave, y ya no había manera de meternos en la sala de control. Todo el mundo tenía sus asuntos.

MICK: Bernie nunca reconoció que era un chanchullo y nos preguntábamos si debíamos contratar a un detective privado para que diera con él. Cuando Joe volvió, por fin, de París, lo siguiente fue la marcha de Topper. Aquello fue el principio del fin. No deberíamos haberlo hecho, pero a veces las cosas son así.

JOE: Esto es una auténtica estupidez. Cuando la gira estaba a punto de comenzar, Bernie me dijo que no se estaban vendiendo las entradas de Escocia. Pero no comprendía la naturaleza del seguidor de The Clash, que estaba acostumbrado a presentarse en la sala sin entrada. Bernie y cualquier promotor deberían saber que los fans de The Clash no iban a comprar las entradas con tres semanas de antelación. Les gustaba aparecer la misma noche del concierto, pero Bernie me dijo. «Tienes que desaparecer o hacer algo, porque si salimos de gira... ». Y yo fui tan estúpido que no le contesté: «Mira, Bernie, cállate. La gente acudirá a la sala sin entrada». En Reino Unido no nos tenían en tan alta estima como en otras partes del mundo, así que Bernie insistió: «Desaparece. Necesito un pretexto para cancelar la gira». Como un idiota, accedí y él me dijo que fuese a Austin, Texas, pero viajé a Francia y anduve por ahí unos días. Corrí el maratón de París y me paseé por los bares. Jamás debí hacerle caso, pero siempre te tienes que arrepentir de algo.

TOPPER: No les guardo ningún rencor, porque estaba descontrolado y suponía una carga para el grupo.

JOE: El último concierto que dimos con Topper fue en un festival holandés fantástico en el que el público pegó al personal de seguridad e invadió el escenario. Se sentaron a nuestro alrededor y nos dejaron finalizar la actuación. Estuvo genial.

TOPPER: Me dieron un ultimátum y no estuve a la altura.

JOE: El final llegó cuando echamos a Topper. Después nada volvió a funcionar. Hicimos el tonto con los cuatro miembros originales, y el grupo estaba abocado a su muerte desde el momento en que Topper fue expulsado. Fue un desastre.

MICK: Creo que las cosas empezaron a ir mal cuando Topper se marchó. En cierto sentido, nos desprendimos de nuestra columna vertebral.

JOE: Llamamos a Terry Chimes y, con todos mis respetos por quien también fue miembro de la formación inicial, Topper era parte insustituible del cuarteto que grabó todos aquellos discos, que dio todos aquellos conciertos y, por tanto, indisociable de nuestro sonido. La cosa no funciona si empiezas a marear la perdiz.

MICK: Cuando Terry [Chimes] volvió al grupo, empezamos a tocar de nuevo muchos temas del primer disco, cosa que no habíamos hecho en mucho tiempo, y resultaba un tanto extraño. Estuvo con nosotros una temporada; participó en la gira estadounidense y luego fuimos a Jamaica para actuar en el Jamaica World Festival.

JOE: La lección que debería aprender todo el mundo es que no debes echar a perder las cosas cuando funcionan. Si algo va bien, haz todo lo posible por seguir adelante, pero no lo estropees. Aquélla fue una lección amarga para nosotros.

TOPPER: Los cuatro cuajamos en algo que se convirtió en The Clash. Individualmente, ninguno de nosotros era tan bueno como lo habíamos sido como cuarteto. Dudo que ninguno de nosotros haya hecho nada desde entonces comparable a The Clash.

JOE: Tocamos en el Shea Stadium con The Who y fue divertido interpretar «Career Opportunities» en un lugar como aquel, cuando seis años antes la habíamos compuesto en Camden Town. Son cosas como ésas las que hacen del mundo un lugar tan interesante. Actuar en el Shea Stadium fue extraño, porque tiene cabida para unas 90.000 personas, pero al menos 10.000 están moviéndose constantemente, comprando hamburguesas o yendo a mear, así que es como si actuaras para un montón de gente arremolinada. Pero es divertido de todos modos.

PAUL: Durante el concierto en el Shea Stadium, y en otros bolos de aquella gira, Pete Townshend se acercaba a nuestro camerino y echábamos un partido de fútbol. En el Shea nos dijo que fuéramos a su camerino. Lo hicimos, y allí sentados estaban Daltrey y todos aquellos imbéciles redomados que se negaban a hablarnos, así que Pete volvió con nosotros a nuestro camerino.

MICK: Actuar en el Shea Stadium fue increíble. Pese a que éramos los teloneros, fue fascinante y siempre nos enorgullecimos de poder tocar en cualquier sitio, desde el lugar más pequeño hasta el más grandioso. Grabamos el vídeo allí (de «Should I Stay or Should I Go?»), y nos encantaba la idea de tener una panorámica tomada desde un helicóptero, pero solo podía sobrevolar el lugar unos minutos y tuvo que captar la imagen en una sola pasada.

JOE: Creo que fue el éxito inesperado de «Rock the Casbah» sumado al cansancio; estábamos cansados de los demás, cansados de la carretera y cansados del estudio. Estábamos quemados y eso acabó separándonos.

TOPPER: Tal vez pueda pareceros algo condescendiente, pero creo que cuando me echaron, pese a comprender perfectamente sus motivos, nunca volvieron a ser los mismos. Podría sentirme culpable de ello, porque si hubiese actuado como era de recibo, el grupo seguiría unido, pero se me fue de las manos.

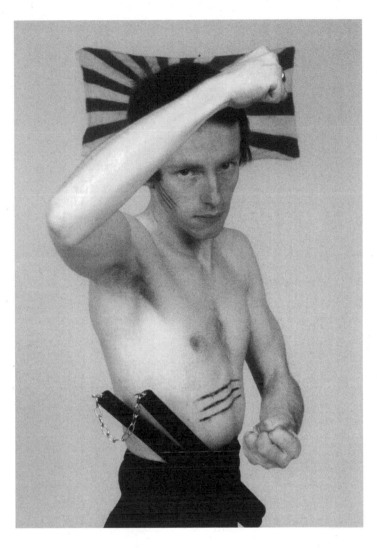

En un pastiche deliberado de la película de Led Zeppelin, *The Song Remains the Same*, en la que los dioses del rock duro habían filmado cada uno secuencias delirantes. The Clash, para una sesión fotográfica de *Sounds*, se propuso emularlos a su modo. Topper se inspiró en la mirada de Bruce Lee, sin siquiera olvidar los rasguños de rigor en la cara.
© Andre Csillag / Rex Features

Es posible que The Clash ya no fuera considerado solo un grupo punk para cuando arrancó su primera gira por los Estados Unidos, pero aun así dejaron bien clara su postura política. ¡Este póster promocional original de la gira no deja lugar a dudas! Nótese el premio al "Álbum del año" concedido por la revista Rolling Stone.

El productor Guy Stevens con Mick durante la producción del álbum
London Calling en Londres. © Bob Gruen

Fotografiado en Estados Unidos durante el *Take The Fifth Tour*.
© Roger Ressmeyer / Corbis

3 January 1981   US $1.95 (by air)   25p   ISSN 0028 6362

NME

NEW MUSICAL EXPRESS

FEET FIRST INTO '81!
Neue Deutsche Musik
B 52s · Fire Engines
Screen Special

Despatches from the Clash zone; Strummer talks from the hip.

A RAP WITH JOE REPUBLIC-CENTRE PAGES

Una de las fotografías favoritas de Joe de sí mismo, tomada por Pennie Smith, apareció en la portada de la primera edición de la *NME* para 1981. La revista tal vez no alcanzó a comprender del todo *Sandinista!*, pero conocía el valor del atractivo de la banda para sus lectores.

The Clash aterrizó en Nueva York en mayo de 1981 presto para tomar la ciudad, tocados todos con sombríos trajes negros. La idea de
interpretar en el gran, aunque destartalado, Bonds de Times Square
fue una gran bomba promocional cuya onda expansiva se multiplicó
exponencialmente cuando las autoridades intentaron cancelar todos
los conciertos amparándose en la normativa de la Gran Manzana.
Cuando llegaron a su hotel, The Clash estaban en las televisiones y
las radios de toda la ciudad sin pausa. © Corbis

Cuando la banda tocaba «Guns Of Brixton», Paul cantaba la canción (como lo hizo en la versión grabada, de «London Calling») y Joe tocaba el bajo. Luego, Paul tocaría la segunda guitarra rítmica para la canción y llegaría al centro del escenario. No solía tocar como Pete Townshend, tal como afirmara siempre haber deseado, pero tampoco emulaba exactamente a John Entwistle (que nunca se movía en el escenario). © Rexfeatures

Vistas desde la parte superior del edificio RCA en Nueva York.
© Bob Gruen

«Hay algo muy positivo en
el hecho de llegar, poner tu
granito de arena y marcharte.
Me gusta mucho.»

JOE

1983

Combat Rock había sido el disco más vendido en la carrera de The Clash, y fue un éxito que copó los Top 10 de todo el mundo. En Estados Unidos habían actuado en estadios como teloneros de los Who; fueron cabezas de cartel en el US Festival de California en mayo de 1983 (un acontecimiento que había sido ambiciosamente promocionado como un «Woodstock para la generación de la informática» por su organizador —y cofundador de Apple—Steve Jobs, y el single «Rock the Casbah» había alcanzado los diez primeros puestos de las listas. Los Clash, por fin, rondaban el megaestrellato del rock... Y, sin embargo, se hallaban en un estado de confusión personal. La expulsión de Topper supuso el principio del fin.

US FESTIVAL TOUR

PAUL: En aquel momento, nuestra apariencia sobre el escenario reflejaba lo que éramos entre bastidores. Mick estaba en un extremo y yo en otro, con Joe en el centro. Mick y yo no nos dirigíamos la palabra y Joe se veía atrapado en medio. Sin embargo, en el concierto del US Festival se desató una pelea y un gorila la emprendió a golpes con Mick y eso me cabreó, así que me fui hacia allí y empecé a atizarle en la cabeza a aquel tipo, porque me pareció injusto. Mick no es precisamente muy forzudo, y después de aquello, aunque parezca extraño, Mick y yo volvimos a hacernos amigos, cosa que confundió a Joe.

JOE: Hay quien dice que circulan cintas de calidad que documentan aquel concierto, y estuvimos bien, pero creo que fue decepcionante, porque había muchas expectativas sobre cómo sería lo de tocar ante un cuarto de millón de personas. Sea como fuere, difícilmente iba a estar a la altura de aquellas expectativas.

QUEDARSE O MARCHARSE

PAUL: Mick y yo nos distanciábamos cada vez más, de ahí la discusión de dos horas por «Know Your Rights». Parecíamos ir en direcciones opuestas.

MICK: Perdimos la comunicación el uno con el otro, aunque estuviéramos en la misma habitación. Nos limitábamos a mirar al suelo.

JOE: Yo diría que la puntualidad no era una de las habilidades de Mick. Pero, cuando está todo dicho y hecho, merece la pena esperar al portador de talento.

PAUL: Supuestamente debíamos salir de gira, pero Mick quería tomarse un descanso. En mi opinión, deberíamos haber seguido actuando, acabar el trabajo que habíamos empezado, porque estábamos a punto de dejar huella [en las listas]. Pero Mick quería irse a casa. Probablemente, aquello nos causó gran frustración a Joe y a mí.

JOE: Se estaba librando una lucha de poder entre Bernie y Mick, y yo fui tan estúpido que permití que Bernie se saliera con la suya. En mi defensa, aduciré que en aquel momento era insufrible trabajar con Mick. No era divertido en absoluto. No aparecía, y cuando lo hacía, era como Elizabeth Taylor, siempre de mal humor. Cualquiera le habría echado, pero aún lamento, de veras, haber tomado parte en aquella disputa.

MICK: Llegué al ensayo como cualquier otro día y, curiosamente, Topper había aparecido por allí para ver cómo estábamos.

PAUL: Estábamos en el local de ensayo y era como el tiroteo en OK Corral. Joe y yo lo habíamos estado hablando y llegamos a la conclusión de que éramos hombres maduros y ya no lo soportábamos más, así que coincidimos en que queríamos seguir adelante y no esperar a Mick, y le pedimos que se marchara. Joe le dijo. "Queremos que te vayas", y Mick me preguntó: "Pero, ¿de qué estás hablando?". "Bueno, sí…", repuse, y no hizo falta que le dijera nada más.

MICK: Realmente creo que la causa fueron las diferencias musicales, aunque hubo cierta predisposición a que eso ocurriera. La propuesta de Bernie de que intentáramos tocar música de Nueva Orleans pudo ser el caldo de cultivo para que dijéramos que se trataba de discrepancias musicales.

PAUL: Creo que Mick se sintió abandonado por lo que le dije desde el primer día: "No te preocupes, Mick, siempre cuidaré de ti".

MICK: Estas cosas suceden. Los grupos se separan continuamente. La verdad es que pensaba que no debían seguir utilizando el nombre The Clash, pero no pasaba nada. Me sorprende que me aguantaran tanto tiempo.

PAUL: Fuimos al despacho del abogado y se me hizo muy extraño estar en aquella habitación. En una ocasión Mick no se presentó, y Joe y yo nos encontramos en la extraña tesitura de tener que lidiar con un abogado que representaba a Mick pero que no sabía tocar la guitarra.

CUT THE CRAP

JOE: Después lo pasamos bien en una gira por las calles del norte de Inglaterra, tocando en acústico y vagabundeando por ahí. En realidad, lo hicimos para cambiar la mentalidad de la gente. Pero «This Is England» era una buena canción, que los hinchas de fútbol del Borussia de Dortmund utilizaban como cántico, lógicamente cambiando la letra.

PAUL: Bernie propuso fichar a dos guitarristas para Clash MK II, con la idea de cambiar nuestra imagen y, porque cargar con el peso de reemplazar a Mick, habría sido demasiado para una sola persona. Creo que hay canciones muy buenas en *Cut the Crap* y, después de la experiencia que habíamos vivido con Mick, le aseguré a Joe que no me interpondría. "Tú tienes el control, mézclalo, encárgate de todo", le dije. Pero cuando quise darme cuenta, Bernie se había entrometido en todo y se lo había arrebatado a Joe. Cuando lo escuché por fin, el disco no tenía nada que ver con las canciones que Joe había escrito. Quedaron enterradas bajo un montón de cosas que había agregado Bernie.

TOPPER: Si pudiera hacerlo todo otra vez, o no hacerlo, lo único que cambiaría es que no tomaría cocaína ni heroína. Hasta que consumí cocaína y heroína, mi vida fue brillante, pero desde entonces ha sido poco menos que un infierno.

MICK: Es casi como la canción «1977», porque termina en 1984. Probablemente, siempre tuvo que ser así, ¿me sigues?

JOE: Insisto, hay algo muy positivo en el hecho de llegar, poner tu granito de arena y largarte. Me complace sobremanera.

TOPPER: Fue, sin duda alguna, la mejor época de mi vida y me gustaría disculparme por haberme apartado del sendero luminoso, por haberme descarriado. Pero creo que si sucediera de nuevo, haría exactamente lo mismo. Soy esa clase de persona.

PAUL: Si pudiera repetirlo, no cambiaría nada. Me parece bien como está. Hicimos nuestro trabajo, esa es la historia, y ahora hemos desaparecido y se acabó. Para mí está bien así.

MICK: Todo aquello fue fantástico. ¿Quién no querría escribir unas canciones espléndidas con unas letras y una batería geniales? ¿Y con Paul? El muy cabronazo ya era así de bueno, probablemente desde el momento en que lo conocí.

ÁLBUMES

THE CLASH
[LP CBS 32232, Gran Bretaña]

The Clash, editado casi exactamente un año después del primer disco de Ramones, y seis meses antes del único álbum de los Sex Pistols, fue el primer larga duración de un grupo de punk británico que tuvo verdadera relevancia. Aunque dos meses antes The Damned había editado *Damned Damned Damned* en el sello independiente Stiff, *The Clash* era distinto, y no solo porque lo comercializara una multinacional. De los tres grupos de punk británicos que habían viajado en el autobús de la gira *Anarchy*, The Clash era el más joven. Fueron los niños mimados de la prensa casi desde su aparición, y la expectación ante este disco era notable. «Si no te gustan los Clash, no te gusta el rocanrol», aseveraba una crítica a página completa en el semanario musical británico *Sounds*. Gustó a suficiente gente como para situar el disco en el duodécimo puesto de las listas la misma semana que salió a la venta.

Editado el 8 de abril de 1977
Puesto más alto en las listas
británicas: 12
No se editó en Estados
Unidos en este formato
(En julio de 1979 se puso a la
venta una versión ampliada de
este álbum en Estados Unidos,
sustituyendo «Cheat», «48
Hours», «Deny» y «Protex Blue»
por «Complete Control»,
«Jail Guitar Doors», «Clash
City Rockers», «White Man
(in Hammersmith Palais)»
y «I Fought the Law»)

Joe Strummer (guitarra, voz),
Mick Jones (guitarra, voz),
Paul Simonon (bajo), Tory
Crimes [alias Terry Chimes]
(batería). Producido por Mickey
Foote. Grabado en Whitfield
Studios, Londres.

Cara A:
«Janie Jones»
«Remote Control»
«I'm so Bored with the USA»
«White Riot»
«Hate & War»
«What's My Name»
«Deny»
«London's Burning»

Cara B:
«Career Opportunities»
«Cheat»
«Protex Blue»
«Police & Thieves»
«48 Hours»
«Garageland»

GIVE 'EM ENOUGH ROPE
[CBS 32444, Gran Bretaña / CBS 82431, Estados Unidos]

A medida que avanzaba 1978 sin señal alguna de su puesta a la venta, la prensa británica se quejaba de que el segundo disco de The Clash estaba tardando demasiado en llegar; de que el productor estadounidense de heavy metal Sandy Pearlman convertiría a los otrora héroes del punk en roqueros progresivos del otro lado del charco; y de que se habían vendido y solo aspiraban a convertirse en grandes estrellas del rock en Estados Unidos, lo cual era ridículo, ya que a la rama estadounidense de CBS, el sello discográfico del grupo, no le gustaba lo que había oído sobre la banda. Su primer álbum solo se había vendido allí como álbum de importación a través de tiendas de discos independientes con espíritu punk.

JOE: No éramos conscientes de lo extraño que sonaba el primer álbum para la gente de la discográfica estadounidense. No les interesaba en absoluto editarlo.

MICK: CBS no publicó el primer disco en Estados Unidos porque en aquel momento no consideró que fuese adecuado para el consumo humano. En comparación con el resto de la música del momento, no estaba muy pulida ni era demasiado profesional, por lo que no lo veían claro. Sin embargo, los discos de importación funcionaron bien, y así es como pareció crecer el interés por The Clash en Estados Unidos, por el puro boca oreja.

Editado el 10 de noviembre de 1978 en Gran Bretaña / 10 de noviembre de 1978 en Estados Unidos

**Puesto más alto en las listas británicas: 2
Puesto más alto en las listas estadounidenses: no entró**

Cara A:
«Safe European Home»
«English Civil War»
«Tommy Gun»
«Julie's Been»
«Working for the Drug Squad»
«Last Gang in Town»

Cara B:
«Guns on the Roof»
«Drug-Stabbing Time»
«Stay Free»
«Cheapskates»
«All the Young Punks
(New Boots and Contracts)»

Joe Strummer (guitarra rítmica, voz), Mick Jones (guitarra, voz), Paul Simonon (bajo), Topper Headon (batería). Todos los temas arreglados e interpretados por The Clash. Producidos por Sandy Pearlman. Grabados y mezclados por Corky Stasiak en Wessex Studios, Londres, y Automat, San Francisco.

LONDON CALLING
[LP CBS Clash3, Gran Bretaña / Epic 36328, EE.UU.]

London Calling, un álbum doble por el precio de uno sencillo, y actualmente considerado la obra maestra del grupo, fue elegido como mejor disco de los años ochenta por la revista *Rolling Stone* (en 1999). Musicalmente, constituía un claro distanciamiento del sonido punk que todavía rugía en Reino Unido, y a la mayoría de la crítica le encantó. El disco entró en las listas británicas y alcanzó el noveno puesto.

TOPPER: La creación de *London Calling* fue uno de los períodos más agradables con el grupo.

MICK: No creo que la primera gira norteamericana fuese la inspiración para *London Calling*. Algunas canciones del segundo disco ya hablaban de eso. En aquel momento, pienso que las letras fueron un acicate para empezar a abordar distintos estilos de música.

JOE: La gestación de ese álbum fue una época fantástica.

Fecha de salida: Reino Unido, 14 de diciembre de 1979 / Estados Unidos, enero de 1980
Puesto más alto en las listas británicas: 9
Puesto más alto en las listas estadounidenses: 27

Joe Strummer (guitarra rítmica, piano, voz), Mick Jones (guitarra, piano, voz), Paul Simonon (bajo), Topper Headon (batería), Mickey Gallagher (órgano), The Irish Horns (vientos). Producido por Guy Stevens. Ingenieros: Bill Price y Jerry Green. Grabado en Wessex Studios, Londres.

Cara A:
«London Calling»
«Brand New Cadillac»
«Jimmy Jazz»
«Hateful»
«Rudie Can't Fail»

Cara B:
«Spanish Bombs»
«The Right Profile»
«Lost in the Supermarket»
«Clampdown»
«Guns of Brixton»

Cara C:
«Wrong 'Em Boyo»
«Death or Glory»
«Koka Kola»
«The Card Cheat»

Cara D:
«Lover's Rock»
«Four Horsemen»
«I'm Not Down»
«Revolution Rock»
«Train in Vain»

SANDINISTA!
[CBS FSLN1, Gran Bretaña / Epic 37037, Estados Unidos]

JOE: En aquel momento habíamos viajado por todo el mundo y queríamos hacer algo que abarcara todos los ámbitos, lugares y temas que habíamos visto. Nos cayeron palos por todas partes por cantar sobre las tiendas 7 / 11 (en la prensa de Reino Unido), pero no éramos provincianos, no éramos ingleses antiimperialistas. Tuvimos el valor de abrazar el mundo con toda su peculiar variedad.

PAUL: Mick tenía sus influencias, yo las mías y Joe las suyas, y las echábamos a la olla y las removíamos. Fue Mick quien investigó realmente el hip-hop y lo incorporó, y en algunos momentos me resultó complicado en lo que a técnica se refiere.

MICK: Siempre me pareció un disco para gente que se encontraba en plataformas petroleras y campamentos en el Ártico y que no podía tener acceso regular a las tiendas de discos. El álbum les ofrecía algo que escuchar, y no tenías por qué hacerlo de una tirada. Podías ir picoteando, como si fuera un libro voluminoso.

Fecha de salida: Gran Bretaña, 12 de diciembre de 1980 / Estados Unidos, enero de 1981
Puesto máximo en las listas británicas: 19
Puesto máximo en las listas estadounidenses: 24

Joe Strummer (guitarra rítmica, voz), Mick Jones (guitarra, voz), Paul Simonon (bajo, voz), Topper Headon (batería, voz), Mickey Gallagher (teclados), Tymon Dogg (violín). Producido por The Clash. Grabado y mezclado por Bill Price. Masterizado por Jerry Green en Wessex Studios, Londres, J. P. Nicholson en Electric Ladyland Studio, Nueva York, Lancelot Maxie McKenzie en Channel One Studio, Kingston, y Bill Price en Pluto Studio, Manchester, y Power Station Studio, Nueva York.

Cara A:
«The Magnificent 7»
«Hitsville UK»
«Junco Partner»
«Ivan Meets G I Joe»
«The Leader»
«Something About England»

Cara B:
«Rebel Waltz»
«Look Here»
«The Crooked Beat»
«Somebody Got Murdered»
«One More Time»
«One More Dub»

Cara C:
«Lightning Strikes»
«Up in Heaven»
«Corner Soul»
«Let's Go Crazy»
«If Music Could Talk»
«Sound of the Sinners»

Cara D:
«Police on my Back»
«Midnight Log»
«The Equaliser»
«The Call Up»
«Washington Bullets»

Cara E:
«Lose this Skin»
«Charlie Don't Surf»
«Mensforth Hill»
«Junkie Slip»
«Kingston Advice»
«The Street Parade»

Cara F:
«Version City»
«Living in Fame»
«Silicone on Sapphire»
«Version Pardner»
«Career Opportunities»
«Shepherd's Delight»

COMBAT ROCK
[CBS FMLN2, Gran Bretaña / Epic FE 37689, Estados Unidos]

La composición y la grabación de las demos que finalmente se editarían como *Combat Rock*, había empezado a finales de 1981, utilizándose para tal empeño una unidad móvil en los estudios EAR de Latimer Road, al oeste de Londres. Mientras estuvo de gira por Extremo Oriente, el grupo intentó grabar en varios estudios después de los conciertos, pero las condiciones lo imposibilitaron. Entregaron a Mick los quince cortes «terminados» para que los mezclara, y al verse incapaz de lograr algo que le gustara, llevó al grupo a Nueva York para regrabar los temas en su estudio favorito, Electric Ladyland. Fue Bernie quien llamó a Glyn Johns para que finalizara las mezclas. En un principio, el álbum iba a llamarse *Rat Patrol from Fort Bragg*. El poeta Allen Ginsberg puso la voz a «Ghetto Defendant», que compuso en el estudio con el grupo mientras éste grababa.

Editado el 14 de mayo de 1982 en Reino Unido / 28 de mayo de 1982 en Estados Unidos
Puesto máximo en las listas británicas: 2
Puesto máximo en las listas estadounidenses: 7

Joe Strummer (guitarra, voz), Mick Jones (guitarra, voz), Paul Simonon (bajo), Topper Headon (batería), Producido por The Clash. Grabado en EAR Studios, Londres, y Electric Ladyland Studio, Nueva York. Mezclado por Glyn Johns.

Cara A:
«Know Your Rights»
«Car Jamming»
«Should I Stay or Should I Go?»
«Rock the Casbah»
«Red Angel Dragnet»
«Straight to Hell»

Cara B:
«Overpowered By Funk»
«Atom Tan»
«Sean Flynn»
«Ghetto Defendant»
«Inoculated City»
«Death Is a Star»

SINGLES

Cara A: «White Riot»
(1:58) [Strummer / Jones]
Producida por Mickey
Foote

Cara B: «1977» (1:40)
[Strummer / Jones / Headon /
Simonon] Producida
por Mickey Foote

**Editado el 18 de marzo
de 1977
Puesto máximo en las
listas británicas: 38**

PAUL: Después de hacer la
foto para la carátula del
single «White Riot», alguien
me habló de la portada de
un disco de Joe Gibbs («State
of Emergency»), en la que
aparecían tres tíos con las
manos contra la pared mientras
la policía los cacheaba, pero yo
no la había visto. Estábamos
llegando al final de la sesión,
solo faltaban dos fotografías,
y dije: "¿Por qué no nos
ponemos contra la pared,
así?". No recuerdo haber
visto la portada de Gibbs.

Cara A: «Listen» (edit)
(0:21) [Strummer /
Jones / Headon / Simonon]
Producida por Mickey
Foote

**Entrevista con el grupo por
Tony Parsons en la línea de
metro Circle (1ª parte)** (8:50)

Cara B: «Capital Radio One»
(2:09) [Strummer / Jones]
Producida por Mickey Foote

**Entrevista con el grupo Por
Tony Parsons en la línea de
metro de Circle (2ª parte)** (3:20)

**Editado en abril de 1977
por la revista *New Musical
Express* mediante pedido
exclusivo por correo, no
alcanzó ningún puesto en
las listas**

JOE: Tony Parsons era uno de
los periodistas de la escena
de la época y aceptamos ser
entrevistados por él en el metro,
dando vueltas y vueltas por la
línea Circle, y que la grabación
de la entrevista se regalara con
NME en formato flexidisc.

PAUL: Me pareció bien conceder
la entrevista a Tony Parsons,
pero me dio la sensación de que
solo quería hablar con Mick y
con Joe, lo cual era justo, porque
ellos componían las canciones.
En un momento dado, Mick dijo:
"Yo le odio a él y él me odia a
mí", y entonces añadí: "Yo odio
a todo el mundo".

Cara A: «Remote Control» (3:01) [Strummer / Jones] Producida por Mickey Foote

Cara B: «London's Burning» (Live) (2:10) [Strummer / Jones] Producida por The Clash

Editado el 13 de mayo de 1977 No alcanzó ningún puesto en las listas

JOE: Columbia consideraba que «Remote Control» era la canción más apropiada para la radio, así que la editaron. A nosotros nos parecía una de las peores, pero prensaron el single mientras estábamos de gira [«White Riot»], así que no pudimos hacer nada al respecto.

PAUL: Nos cabreó mucho que la compañía discográfica editara «Remote Control», porque, en nuestra opinión, gozábamos de libertad artística. Tuvimos que dejarles claro que sabíamos lo que hacíamos.

Cara A: «Complete Control» (3:13) [Strummer / Jones] Producida por Lee «Scratch» Perry

Cara B: «Citv Ofthe Dead» (2:22) [Strummer / Jones / Headon / Simonon] Producida por Mickey Foote

Editado el 23 de septiembre de 1977 Puesto máximo en las listas británicas: 28

JOE: Bernie y Malcom se habían unido y decidieron que querían controlar a sus grupos. Bernie convocó una reunión en un pub después del *Anarchy Tour* y empezó diciendo que quería un control absoluto, pero Paul y yo nos echamos a reír. A Paul le dio un ataque al oír aquella frase. Cuando quisimos darnos cuenta, Mick había compuesto la canción y era perfecta.

MICK: La escribí en mi dormitorio. Bernie me dijo que compusiera sobre lo que nos afectaba, y eso hice.

229

Cara A: «Clash City Rockers» (3:48)
[Strummer / Jones]
Producida por Mickey Foote

Cara B: «Jail Guitar Doors» (3:30) [Strummer / Jones / Headon / Simonon] Producida por Mickey Foote

Editado el 17 de febrero de 1978
Puesto máximo en las listas británicas: 35

PAUL: Hacíamos sesiones de grabación esporádicas. Un día después de componer «Clash City Rockers», Mick y yo mantuvimos una discusión que estaba llegando demasiado lejos. Viajábamos en una pequeña furgoneta y Mick dijo algo que me hizo estallar y propinarle un puñetazo. Le alcancé en la oreja, así que Topper y Joe me agarraron de los brazos mientras yo intentaba golpear a Mick, que acabó solo con la oreja colorada. Pero a Joe y a Topper los dejé llenos de moratones por mis codazos. Acabamos en el estudio, yo en un extremo y Mick en el otro, y Joe andaba arriba y abajo para decirme cuándo debía tocar en mi o en do. El tipo de la mesa ignoraba lo que había ocurrido.

Cara A: «(White Man) In Hammersmith Palais» (4:00) [Strummer / Jones]
Producida por The Clash

Cara B: «The Prisoner» (2:59) [Strummer / Jones / Headon / Simonon] Producida por The Clash

Editado el 16 de junio de 1978
Puesto máximo en las listas británicas: 32

MICK: «White Man» narraba la experiencia de Joe en un concierto de reggae que se prolongó toda la noche. La música es una amalgama de la influencia reggae y el punk, y vino a ser la secuela a «Police & Thieves». Fue un puente entre el primer y el segundo disco.

JOE: El público en este concierto de reggae era muy fanático y me dio la sensación de que buscaba algo distinto a aquel espectáculo de farándula. Fue muy las Vegas. Disfruté del concierto, pero durante un par de minutos me pareció verlo a través de sus ojos.

Cara A: «Tommy Gun» (3:16) [Strummer / Jones] Producida por Sandy Pearlman

Cara B: «1-2 Crush On Tou» (2:59) [Strummer / Jones / Headon / Simonon] Producida por The Clash

Editado el 24 de noviembre de 1978
Puesto máximo en las listas británicas: 19

JOE: Trata sobre el ego de los terroristas. De repente se me ocurrió que debían de leer los recortes de prensa que hablan de ellos, como las estrellas de rock o los actores y las actrices.

TOPPER: La canción antes decía "1-2-3-4 Tommy Gun'" y yo propuse: "Un momento. ¿Qué tal si metemos al principio unos compases de batería que suenen a ametralladora?". "¿A qué te refieres?", preguntaron los demás. Aquélla fue mi primera aportación a un tema de los Clash.

Cara A: «English Civil War (Johnny Comes Marching Home)» (2:36) [Tradicional / Jones / Strummer] Producida por Sandy Pearlman

Cara B: «Pressure Drop» (3:25) [Frederick Hibbert] Producida por The Clash

Editado el 23 de febrero de 1979
Puesto máximo en las listas británicas: 25

JOE: Es detestable la gente que dice: "Va a ocurrir tal cosa", y luego: "Ja, ja, ya te lo dije". Pero, ¿quién hizo algo al respecto? Una semana después de la concentración de RAR, unos blancos de Wolverhampton bajaron la ventanilla del coche y dispararon con una escopeta a unos antillanos.

MICK: Aquello sucedió la noche que tocábamos allí. Salimos a la mañana siguiente y lo leímos en el periódico.

The Cost of Living EP Cara A: «I Fought the Law» (2:39) [Sonny Curtis] Producida por Bill Price

«Groovy Times» (3:29) [Strummer / Jones / Headon / Simonon] Producida por Bill Price

Cara B: «Gates of the West» (3:28) [Strummer / Jones / Headon / Simonon] Producida por The Clash / Bill Price

«Capital Radio Two» (3:19) [Strummer / Jones] Producida por The Clash / Bill Price

Editado el 11 de mayo de 1979
Puesto máximo en las listas británicas: 22

MICK: *The Cost of Living EP* supuso nuestra primera colaboración con Bill Price, que había trabajado con toda la gente adecuada. Era un profesional excelente y todo un caballero inglés, aunque solíamos sacarlo de sus casillas.

PAUL: En la televisión, o en los periódicos, hablaron de algo relacionado con el coste de la vida y, por algún motivo, Joe y yo detectamos cierta guasa en aquellas palabras y acabamos por los suelos, tronchándonos de risa y diciendo: «¡Oh, no, el coste de la vida!».

Cara A: «London Calling» (3:19) [Strummer / Jones] Producida por Guy Stevens

Cara B: «Armagideon Time» (3:49) [Jackie Mittoo / Keith Williams] Producida por The Clash

Caras B del 12": «Justice tonight» (4:09) [Jackie Mittoo / Keith Williams] Producida por The Clash

«Kick it Over» (4:44) [Jackie Mittoo / Keith Williams] Producida por The Clash

Editado el 7 de diciembre de 1979
Puesto máximo en las listas británicas: 11

JOE: Mick me hizo reescribir la letra, bueno, al menos las estrofas. Cuando se disputa algún partido de fútbol importante en Londres, la gente abarrota las calles del Soho y algunas estrofas hablaban de eso. "En el estribillo dices «London Calling», así que escribe más estrofas, a ver si se te ocurre algo mejor, propuso Mick, de modo que las rehice todas."

Cara A: «Bankrobber»

(4:34) [Strummer / Jones] Producida por Mikey Dread

Cara B: «Rockers Galore... UK tour» (con Mikey Oread) (4:41) [Strummer / Jones / Mikey Campbell] Producida por The Clash

Editado el 8 de agosto de 1980
Puesto máximo en las listas británicas: 12
No se editó en Estados Unidos

PAUL: Decidimos que queríamos editar un single al mes, y el primero que presentamos fue «Bankrobber». Pero al director de la discográfica no le gustó. Decía que sonaba como David Bowie al revés, cosa que no entendí, así que la compañía de Reino Unido no lo publicó. Pero los holandeses sí lo hicieron, y luego se adquirió de importación, lo cual llevó a la compañía británica a editarlo. Sin embargo, aquello frenó los planes para sacar un sencillo al mes.

Cara A: «Train in Vain»

(3:09) [Strummer / Jones] Producida por Guy Stevens

Cara B: «Bankrobber» (4:34) (Strummer / Jones) Producida por Mikey Dread

«Rocker›s galore... UK tour» (Con Mikey Oread) (4:41) [Strummer / Jones / Mikey Campbell] Producida por Toe Clash

Editado en junio de 1980 en Holanda, Alemania, España, Brasil, Nueva Zelanda y Australia en este formato, no salió a la venta en Reino Unido. En Estados Unidos, «Train in Vain» salió respaldado por «London Calling» y alcanzó el puesto veintitrés en las listas en diciembre de 1980. «Bankrobber» fue editada en formato sencillo en Reino Unido en agosto de 1980.

Cara A: «The Call Up» (5:25) [Strummer / Jones] Producida por Bill Price / The Clash

Cara B: «Stop the World» (2:32) [Strummer / Jones / Headon / Simonon] Producida por Bill Price

Editado el 28 de noviembre de 1980
Puesto máximo en las listas británicas: 40

MICK: Para el vídeo de «Call Up» nos encontrábamos en un almacén de excedentes del ejército y disfrutábamos de libre acceso al lugar. Tenían unos cuantos camiones militares y gran cantidad de ropa, y la canción trataba, por supuesto, sobre no alistarse. Por aquel entonces, en Estados Unidos estabas obligado a enrolarte y podían llamarte a filas en cualquier momento. Pero nos dejaron a nuestro libre albedrío en aquel lugar, y por esotenemos ese aspecto...

Cara A: «Hitsville» (4:21) [The Clash] Producida por The Clash

Cara B: «Radio One» (6:17) [Mikey Oread] Producida por Mikey Oread

Cara B de la edición estadounidense: «Police on my Back» (3:15) [Eddy Grant] Producida por The Clash

Editado el 16 de enero de 1981
Puesto máximo en las listas británicas: 56

MICK: Creo que nunca nos importó lo que dijera la gente sobre nuestro trabajo. Empezamos a grabar singles de doce pulgadas porque eso es lo que estaba ocurriendo en Nueva York en aquel momento. Eran los discos que estaba grabando la gente y lo que nos interesaba.

Cara A: «The Magnificent Seven» (edit) (3:27)
[The Clash] Producida por The Clash

Cara B: «The Magnificent Dance» (edit) (3:25)
[The Clash] Producida por The Clash, remezclada por Pepe Unidos

**Editado el 10 de abril de 1981
Puesto máximo en las listas británicas: 34**

JOE: Grabamos una versión instrumental de «Magnificient Seven» y WBLS la ponía hasta la saciedad. Aquel verano no podías ir a ningún sitio en Nueva York y no oírla. Y éramos nosotros, unos tipos blancos raretes.

MICK: En un principio se titulaba «The Magnificient Seven Rapper Clappers» porque agregamos una pista al tema en la que tocábamos palmas.

JOE: "Vacuum cleaner sucks up budgie" provenía de un titular de *News of the World*. Lo leí cuando estábamos dando los últimos toques a las mezclas en Inglaterra y lo añadí al final. Por cierto, el periquito salió con vida.

Cara A: «The Magnificent Dance» (versión 12")
[The Clash] Producida por The Clash, remezclada por Pepe Unidos

Cara B: «The Magnificent Seven» (versión 12") (4:27)
[The Clash] Producida por The Clash

Cara B de la edición estadounidense: «The Cool Out» [12» EE.UU.] (3:53)
(Strummer / Jones / Headon) Producida por The Clash, remezclada por Pepe Unidos

**Editado el 10 de abril de 1981
No alcanzó ningún puesto en las listas**

MICK: El hip-hop estaba arrancando y era la música de baile de la época. «Magnificient Dance» fue otro indicador de la dirección que estábamos tomando. Siempre adoptábamos la música que existía a nuestro alrededor y la convertíamos en un elemento propio.

Cara A: «This is Radio Clash» (4:10) [The Clash] Producida por The Clash

Cara B: «Radio Clash» (4:10) [The Clash] Producida por The Clash

Cara B de la edición en 12" de Reino Unido: «Outside Broadcast» (7:22) [The Clash] Producida por The Clash

«Radio 5» (3:38) [The Clash] Producida por The Clash

Editado el 20 de noviembre de 1981
Puesto máximo en las listas británicas: 47

MICK: Había dos versiones, una en cada cara, y letras distintas para ambas. Todo es cuestión de información. ¡Teníamos demasiadas cajas por todas partes!

MICK: Para el vídeo nos filmamos a nosotros mismos bailando en el tejado de Bonds con los de Futura 2000.

Cara A: «Know Your Rights» (3:40) [The Clash] Producida por The Clash. Mezclada por Glyn Johns

Cara B: «First Night Back in London» (2:59) [Strummer / Jones / Simonon] Producida por The Clash

Editado el 23 de abril de 1982
Puesto máximo en las listas británicas: 43
Inédito en estados unidos

MICK: «Know Your Rights» fue uno de los primeros temas que compusimos para ese disco. Nació mientras estábamos de gira por el lejano Oriente, como ocurrió con otras canciones.

JOE: «Know Your Rights» era una canción fantástica de Mick que podría haber sido mucho mejor. Me refiero a las letras, más que nada. Se suponía que debía ser irónica, pero nadie lo captaba, lo cual todavía me saca de quicio. Pero creo que las pistas instrumentales, la melodía y la manera de tocar son fantásticas, no solo la letra o la voz. Me encanta su sonido swing con algo de rockabilly.

Cara A: «Rock the Casbah» (3:41) [Headon] Producida por The Clash. Remezclada por Mick Jones

Cara B: «Long Time Jerk» (5:08) [Strummer / Jones / Simonon] Producida por Mick Jones

Cara B de la edición de 12" británica: «Mustapha Dance» (4:26) [Strummer / Jones / Headon] Producida por Mick Jones

Editado el 11 de junio de 1982
Puesto máximo en las listas británicas: 30
Puesto máximo en las listas estadounidenses: 8

TOPPER: «Rock the Casbah» la compuse yo; la música, no la letra. Un día fui al estudio yo solo, porque no sé leer música, así que en lugar de decirle a todo el mundo qué tocar, grabé el piano y luego la batería y el bajo. Pensé que luego les enseñaría la canción, pero todos dijeron que estaba bien así. Mick grabó la guitarra, Joe añadió las voces y ya estaba terminada.

Cara A: «Straight To Hell» (edit) (3:51) [The Clash] Producida por The Clash. Mezclada por Glyn Johns

Cara A: «Should I Stay or Should I Go?» (3:07) [The Clash] Producida por The Clash. Mezclada por Glyn Johns

Cara B del 7" de la edición estadounidense: «Inoculated City» (2:41) [The Clash] Producida por The Clash. Mezclada por Glyn Johns

«Cool Confusion» (3:14) [Strummer / Jones / Headon] Producida por The Clash

Editado el 17 de septiembre de 1982
Puesto máximo en las listas británicas: 17

MICK: Cuando aparecimos en Saturday Night Live, tocamos «Straight to Hell» y «Should I Stay or Should I Go?», y al final del programa me encontraba junto a Eddie Murphy y me preguntó por qué no habíamos tocado Casbah.

JOE: Justo antes de realizar la toma, Topper me dijo: "Quiero que toques esto", y me dio una botella de limonada envuelta en una toalla. "Quiero que golpees la parte frontal del bombo".

CONCIERTOS

Primeros conciertos
De julio a noviembre

4 de julio: Black Swan, Sheffield
13 de agosto: Rehearsals
Rehearsals, Camden Town,
Londres. Concierto privado con
invitación
29 de agosto: Screen on the
Green, Islington, Londres.
Especial de medianoche
31 de agosto: 100 Club,
Londres. Como teloneros
de los Sex Pistols
5 de septiembre: The
Roundhouse, Camden Town,
Londres. Con Kursaal Flyers
y Crazy Cavan. Fue el último
concierto de Keith Levene
con The Clash
20 de septiembre: 100 Club,
London Punk Festival
(Formación: Strummer, Jones,
Simonon, Chimes). También
en cartel: Sex Pistols, The
Damned, Buzzcocks, Subway
Sect, Siouxsie & the Banshees,
Stinky Toys
2 de octubre: Institute of
Contemporary Arts, Londres.
Con Fresh Air
9 de octubre: Tiddenfoot
Leisure Centre, Leighton
Buzzard. Con The Rockets
15 de octubre: Acklam Hall,
Ladbroke Grove, Londres
16 de octubre: University of
London. Como teloneros
de Shakin' Stevens
23 de octubre: Institute of
Contemporary Arts, Londres.
Con Subway Sect
27 de octubre: Barbarellas,
Birmingham

29 de octubre: Town Hall,
Fulham, Londres. Como
teloneros de Roogalator
3 de noviembre: Harlesden
Coliseum, Londres
5 de noviembre: Royal College
of Art, London, A Night Of
Treason. Con The Jam y
Subway Sect
11 de noviembre: Lacy Lady,
llford
18 de noviembre: Nags Head,
High Wycombe
29 de noviembre: Lanchester
Polytechnic, Coventry

Formación: Strummer, Jones,
Simonon, Chimes, Levene
(Hasta el 20 de septiembre)

Repertorio: «Listen» / «Deny» /
«1-2 Crush on Vou» / «I Know
what to Think of You» / «I Never
Did lt» / «I Can't Stand the
Flies» / «Janie Jones» / «Protex
Blue» / «Mark Me Absent» /
«Deadly Serious» / «What's My
Name» / «Sitting at My Party» /
«48 Hours» / «I'm so Bored with
Vou (+ USA)» / «London's
Burning» / «1977» / «White
Riot» / «Career Opportunities»

Anarchy in the UK Tour
Diciembre

La gira conjunta encabezada
por los Sex Pistols incluía
también a The Damned y
The Heartbreakers

1 de diciembre: Dundee Caird
Hall. Cancelado y reubicado

3 de diciembre: Norwich Poly. Cancelado
4 de diciembre: Derby Kings Hall. Cancelado
5 de diciembre: Newcastle City Hall. Cancelado
6 de diciembre: Politécnica, Leeds
7 de diciembre: Bournemouth Village Bowl. Cancelado
9 de diciembre: Electric Circus, Manchester
10 de diciembre: Charlton Theatre Preston. Cancelado
10 de diciembre: Lancaster University. Reubicado (cancelado)
11 de diciembre: Liverpool Stadium. Cancelado
13 de diciembre: Bristol Colston Hall. Cancelado
14 de diciembre: Cardiff Top Rank. Cancelado y reubicado
14 de diciembre: Cinema, Caerphilly, Gales
15 de diciembre: Glasgow Apollo. Cancelado
16 de diciembre: Dundee Caird Hall. Cambio de fecha, también cancelado
17 de diciembre: Sheffield City Hall. Cancelado
18 de diciembre: Southend Kuursal. Cancelado
19 de diciembre: Guildford Civic Hall. Cancelado y reubicado
19 de diciembre: Electric Circus, Manchester
20 de diciembre: Birmingham Town Hall. Cancelado
20 de diciembre: Winter Gardens, Cleethorpes
21 de diciembre: Woods Centre, Plymouth

22 de diciembre: Torquay 400 Ballroom. Cancelado
22 de diciembre: Woods Centre, Plymouth
26 de diciembre: London Roxy Theatre, Harlesden. Cancelado

Formación: Strummer, Jones, Simonon, Harper

Repertorio: «White Riot» / «I'm so Bored with the USA» / «London's Burning» / «Hate & War» / «Protex Blue» / «Career Opportunities» / «Cheat» / «48 Hours» / «Janie Jones» / «1977»

White Riot Tour

1 de mayo: Civic Hall, Guilford
2 de mayo: Rascals, Chester
3 de mayo: Barbarellas, Birmingham
4 de mayo: Affair, Swindon
5 de mayo: Erics, Liverpool
6 de mayo: Universidad, Aberdeen
7 de mayo: Playhouse, Edimburgo
8 de mayo: Electric Circus, Manchester
9 de mayo: Rainbow, Londres. Los teloneros incluían también a The Prefects. The Jam actuó y luego abandonó la gira
10 de mayo: Town Hall, Kidderminster (cancelado: Mick se lesionó la mano)
12 de mayo: Palais, Notthingham
13 de mayo: Politécnica, Leicester

14 de mayo: Brakke Grande, Amsterdam
15 de mayo: Fiesta, Plymouth
16 de mayo: Universidad, Swansea
17 de mayo: Politécnica, Leeds
19 de mayo: Rock Garden, Middlesbrough
20 de mayo: Universidad, Newcastle
21 de mayo: City Hall, St Albans
22 de mayo: Skindles, Maidenhead. Cancelado
22 de mayo: Wolverhampton Civic Hall, con Buzzcocks, The Slits y Subway Sect como teloneros
24 de mayo: Top Rank, Cardiff, Gales
25 de mayo: Universidad de Sussex, Brighton, con The Slits y Buzzcocks
26 de mayo: Colston Hall, Bristol
27 de mayo: Pavilion, West Runton
28 de mayo: De Montfort Hall, Leicester
29 de mayo: Chancellor Hall, Chelmsford
30 de mayo: California Ballroom, Dunstable

Formación: Strummer, Jones, Simonon, Headon

Los teloneros contratados para la gira fueron The Jam, Buzzcocks, The Slits y Subway Sect. The Jam abandonaron tras el concierto del Rainbow, en Londres, que acabó en disturbios. Se arrancaron asientos y se lanzaron al escenario. (Coste: 28.000 libras en desperfectos).

Repertorio: «White Riot» / «I'm so Bored with the USA» / «London's Burning» / «Hate & War» / «Protex Blue» / «Pressure Drop» / «Career Opportunities» / «Cheat» / «48 Hours» / «Janie Jones» / «Garageland» / «Remote Control» / «Deny» / «Capital Radio»/ «Police & Thieves» / «What's My Name» / «1977»

Europe '77 Tour

12 de junio: Grana Lund, Estocolmo
17 de julio: Birmingham Rag Market (Festival punk). El festival había sido anunciado tres semanas antes, pero el ayuntamiento lo canceló en el último momento. Por la tarde, los Clash se personaron frente al recinto para hablar con los aficionados locales. Poco después llegó la policía y dispersó a todo el mundo, alegando reunión ilegal y obstrucción.
17 de julio: Barbarellas, Birmingham. The Clash tuvo que pedir prestado el equipo a la banda de heavy metal Warhead y ofreció un concierto de 45 minutos frente a quinientos punks.
5 de agosto: Mont de Marsan, Francia. Festival punk que contó con la participación de The Jam, The Boys, Eddie and the Hot Rods y Dr. Feelgood.

11 de agosto: 14 Bilzen Festival, Liege, Bélgica. Los teloneros incluyeron a Elvis Costello y The Damned.
26 de septiembre: The Paradisimo, Amsterdam, Holanda
27 de septiembre: Bruselas
29 de septiembre: Bataclan, París, Francia
1 de octubre: Kaufleuten Saal, Zurich, Suiza. Teloneros: The Damned
2 de octubre: Porrhaus, Viena
4 de octubre: Munich
5 de octubre: Frankfurt Volksbildungsheim
6 de octubre: Hamburgo
7 de octubre: Dads, Malmo, Suecia
8 de octubre: Ronneby, Suecia
10 de octubre: Club 700, Stora Hotellet, Oreboro, Suecia 1977 / Gira Europea

Formación: Strummer, Jones, Simonon, Headon

Repertorio: «White Riot» / «I'm so Bored with the USA» / «London's Burning» / «Hate & War» / «Protex Blue» / «Pressure Drop» / «Career Opportunities» / «Cheat» / «48 Hours» / «Janie Jones» / «Garageland» / «Remote Control» / «Deny» / «Capital Radio» / «Poi ice & Thieves» / «What' s My Name» / «1977» / «Complete Control» / «The Prisoner» / «White Man in Hammersmith Pala is» / «Clash City Rockers» / «City of the Dead» / «Jail Guitar Doors» / «Time Is Tight»

Out of Control Tour

20 de octubre: Ulster Hall, Belfast, Irlanda del Norte
21 de octubre: Trinity College, Dublín, Irlanda. Teloneros: The Count Bishops
22 de octubre:: Eric's Liverpool. Teloneros: The Toilets
24 de octubre: Kinema, Dumfermline
25 de octubre: Apollo, Glasgow, Escocia
26 de octubre: Clouds, Edimburgo, Escocia
27 de octubre: Universidad, Leeds
28 de octubre: Politécnica, Newcastle
29 de octubre: Apollo, Manchester
30 de octubre: Victoria Hall, Hanley, Stoke-on-Trent
1 de noviembre: Top Rank, Sheffield
1 de noviembre: Universidad, Bradford
3 de noviembre: Kings Hall, Derby
4 de noviembre: Universidad, Cardiff, Gales
5 de noviembre: Exhibition Centre, Bristol
6 de noviembre: Market Hall, Carlisle
7 de noviembre: Top Rank, Birmingham
8 de noviembre: Tiffany's, Coventry
9 de noviembre: Winter Gardens, Bournemouth
10 de noviembre: Exhibition Centre, Bristol
11 de noviembre: Corn Exchange, Cambridge

12 de noviembre: Pavilion, Hastings
13 de noviembre: Top Rank, Southampton
15 de noviembre: Elizabethan Ballroom, Belle Vue, Manchester. Organizado y filmado por Granada TV, con Siouxsie & the Banshees
11 de diciembre: Apollo, Glasgow
13 de diciembre: Rainbow, Londres
14 de diciembre: Rainbow, Londres. Teloneros: Sham 69
15 de diciembre: Rainbow, Londres. Teloneros: Lovers of Outrage
19 de diciembre: Belfast McMordie Hall, Queens University Students Union
20 de diciembre: Belfast McMordie Hall, Queens University Students Union

Formación: Strummer, Jones, Simonon, Headon. Los teloneros fueron Richard Hell and the Voidoids y The Lous en la mayoría de los conciertos, y se sumaron otros grupos locales en diferentes lugares.

Repertorio: «Complete Control» / «1977» / «Jail Guitar Doors» / «I'm so Bored with the USA» / «Clash City Rockers» / «White Man in Hammersmith Palais» / «Protex Blue» / «City of the Dead» / «Cheat» / «The Prisoner» / «Capital Radio» / «Police & Thieves» / «Career Opportunities» / «Janie Jones» / «Garageland» / «London's Burning» / «White Riot» / «What's My Name» / «Hate & War» / «Remote Control» / «Tommy Gun»

Bolos de Sandy Pearlman

24 de enero: Barbarellas, Birmingham
25 de enero: Queensway Hall, Dunstable, Luton
26 de enero: Lanchester Polytechnic, Coventry
1 de mayo: Barbarellas, Birmingham
21 de mayo: Hipódromo de París-Festival Marxista (Topper y Mick interpretaron «White Riot» a dúo al final del concierto; Paul había tirado el bajo, y Joe había hecho lo propio con su guitarra y había derribado el micrófono, disgustados por el nefasto sonido).

En enero de 1978, los Clash iniciaron una gira «secreta» por la región central de Reino Unido y dieron tres conciertos. Al parecer, se organizaron fundamentalmente para el productor discográfico estadounidense Sandy Pearlman, más conocido en aquella época por haber producido a los Blue Oyster Cult. Pearlman asistió a las tres actuaciones y en la última (en la Politécnica de Lanchester, Coventry, el 26 de enero de 1978), trató de acceder al camerino del grupo antes del concierto. Robin Banks, el *roadie* del grupo, que ponía excesivo celo en su trabajo, utilizó una fuerza innecesaria para contenerlo, y el melenudo estadounidense acabó postrado con una hemorragia nasal mientras los Clash le pasaban por encima rumbo al escenario.

PAUL: La discográfica tenía la idea de que quería a un productor estadounidense de renombre para el segundo álbum. Creo que Mick estaba interesado en Pearlman y, de todos modos, éste aparecía continuamente en nuestros conciertos. Un ex compañero de escuela de Mick, Robin Crocker (también conocido como Banks), era nuestro encargado de seguridad, y en un concierto intentábamos cambiarnos de ropa antes de seguir adelante mientras un tipo trataba de entrar. De repente, se escucharon unos tortazos y Sandy Pearlman yacía en el suelo con la nariz sangrando, así que lo arrastraron fuera mientras Mick gritaba a Robin: «¡Es nuestro productor!». Pero Pearlman siguió viniendo, incluso después del puñetazo, así que, obviamente, estaba interesado.

Formación: Strummer, Jones, Simonon, Headon

Repertorio: «Complete Control» / «London's Burning» / «Jail Guitar Doors» / «Clash City Rockers» / «Last Gang in Town» / «The Prisoner» / «White Man in Hammersmith Palais» / «Capital Radio» / «Tommy Gun» / «Police & Thieves» / «I'm so Bored with the USA»/ «Janie Jones» / «Garageland» / «What's My Name» / «White Riot» / «Career Opportunities» / «English Civil War» / «Guns on the Roof»

Rock Against Racism
Victoria Park, Londres, domingo 30 de abril de 1978

Repertorio: «Complete Control» / «London's Burning» / «Clash City Rockers» / «Tommy Gun» / «Jail Guitar Doors» / «White Man in Hammersmith Pala is» / «Last Gang in Town» / «Police & Thieves» / «English Civil War» / «Guns on the Roof» / «Capital Radio» / «White Riot»

Out on Parole Tour

28 de junio: Friars, Aylesbury
29 de junio: Queens Hall, Leeds
30 de junio: Top Rank, Sheffield
1 de julio: Granby Hall, Leicester
2 de julio: Apollo, Manchester
3 de julio: Rafters Club, Manchester
4 de julio: Apollo, Glasgow, Escocia
5 de julio: Music Hall, Aberdeen, Escocia
6 de julio: Dumfermline Kinema, Escocia

7 de julio: Deeside Leisure Centre, Chester
8 de julio: Sports Centre, Crawley
9 de julio: Locarno, Bristol
10 de julio: Town Hall, Torquay
11 de julio: Top Rank, Cardiff, Gales
12 de julio: Top Rank, Birmingham. También actuaron Spizz 77. Steve Janes se unió a The Clash para el bis en «Pretty Vacant»
13 de julio: Empire, Liverpool. Cancelado
13 de julio: King Georges Hall, Blackburn. Steve Jones colaboró de nuevo con los Clash en los bises
14 de julio: Corn Exchange, Bury St Edmunds
15 de julio: Picketts Lock Sports Centre, Edmonton. Cancelado por las quejas de los vecinos
21 de julio: Eric's, Liverpool
22 de julio: Eric's, Liverpool. Concierto de tarde para menores de dieciséis años
22 de julio: Eric's, Liverpool. Noche
24 de julio: Music Machine, Londres
25 de julio: Music Machine
6 de julio: Music Machine
27 de julio: Music Machine

Formación: Strummer, Jones, Simonon, Headon. Los teloneros fueron The Specials y Suicide
Repertorio: «Complete Control» / «Tommy Gun» / «Cheapskates» / «Jail Guitar Doors» / «Drug Stabbing Time» / «All the Young Punks» / «Clash City Rockers» / «White Man in Hammersmith Palais» / «Capital Radio» / «Stay Free»/ «Police & Thieves» / «Blitzkrieg Bop» / «English Civil War» / «Safe European Home»/ «London's Burning» / «Garageland» / «I'm so Bored with the USA» / «Janie Jones» / «White Riot» / «What's My Name» / «Guns on the Roof» / «The Prisoner»

Sort It Out Tour

13 de octubre: Belfast, University Students Union, Queens Hall
14 de octubre: Top Hat, Dun Laoghaire, Dublín
18 de octubre: Le Stadium, París
20 de octubre: The Stokvishal, Arnhem, Holanda
21 de octubre: Leuven, Bélgica
22 de octubre: Ancienne Belgique, Bruselas
23 de octubre: The Paradiso, Amsterdam, Holanda
25 de octubre: Roxy Theatre, Harlesden, Londres. Pospuesto el 9 de septiembre, y también el 25 de septiembre y el 14 de octubre. Las nuevas restricciones del Greater London Council limitaban el aforo a novecientas personas, por lo que se programó una segunda actuación para las otras setecientas personas que habían comprado entradas.
26 de octubre: Roxy Theatre, Harlesden, Londres.
9 de noviembre: Village Bowl, Bournemouth

10 de noviembre: Winter Gardens, Malvern
12 de noviembre: Canterbury Odeon
14 de noviembre: Locarno Ballroom, Coventry
15 de noviembre: Belle Vue, Manchester
16 de noviembre: Odeon, Edimburgo, Escocia
17 de noviembre: Town Hall, Middlesbrough
18 de noviembre: Universidad, Leeds
19 de noviembre: Top Rank, Sheffield
20 de noviembre: De Montfort Hall, Leicester
21 de noviembre: Locarno Ballroom, Bristol
22 de noviembre: Birmingham Odeon
22 de noviembre: Village Bowl, Bournemouth
23 de noviembre: Ipswich Gaumont
23 de noviembre: Apollo, Manchester
24 de noviembre: Kings Hall, Derby
26 de noviembre: Top Rank, Cardiff, Gales
27 de noviembre: Universidad, Exeter
28 de noviembre: Locarno Ballroom, Coventry
29 de noviembre: Victoria Hall, Han ley, Stoke-on-Trent
30 de noviembre: Wirrina Stadium, Peterborough
2 de diciembre: Politécnica, Newcastle
4 de diciembre: Universidad de Strathclyde, Glasgow, Escocia. Cancelado debido a la política de admisión limitada a estudiantes, a la que Joe se oponía
6 de diciembre: Universidad, Liverpool
10 de diciembre: Top Rank, Brighton
12 de diciembre: Pavillion, Bath
17 de diciembre: Portsmouth Locarno
18 de diciembre: Tiffany's, Purley
19 de diciembre: Music Machine, Londres. En beneficio del Sid Vicious Defence Fund
20 de diciembre: Civic Hall, Wolverhampton
21 de diciembre: Hastings Pier Pavillion
22 de diciembre: Friars, Aylesbury
28 de diciembre: Lyceum, Londres
29 de diciembre: Lyceum, Londres
3 de enero de 1979: Lyceum, Londres

Formación: Strummer, Jones, Simonon, Headon. Las teloneras fueron The Slits

Repertorio: «Complete Control»/ «Tommy Gun» / «I Fought the Law» / «Jail Guitar Doors» / «Clash City Rockers» / «White Man in Hammersmith Palais» / «Drug Stabbing Time» / «Protex Blue» / «Guns on the Roof» / «Stay Free» / «Police & Thieves» / «Blitzkreig Bop» / «Capital Radio»/ «Janie Jones» / «Garageland» / «What's My Name» / «English Civil War» /

«London's Burning» / «White Riot» / «Safe European Home» / «City of the Dead» / «Julie's in the Drug Squad» / «Cheapskates» / «1-2 Crush on You»

Pearl Harbour Tour, EEUU

31 de enero: Commodore Ballroom, Vancouver, Canadá. Con la participación adicional de los Dishrags
7 de febrero: Berkeley Community Center, Berkeley, California
8 de febrero: Geary Temple (Fillmore), San Francisco, California. Con la colaboración adicional de los Zeros y Negative Trend
9 de febrero: Civic Auditorium, Santa Monica, California
13 de febrero: Agora, Cleveland, Ohio. Con la participación adicional de Alex Bevan. Fue un concierto benéfico para el Larry McIntyre Fund
15 de febrero: Ontario Theater, Washington DC. Con la participación adicional de The D-Ceats
16 de febrero: Harvard Square Theater, Cambridge, Massachusetts. Con la colaboración especial de The Rentals.
17 de febrero: Palladium, Nueva York, NY. Con la colaboración adicional de The Cramps
20 de febrero: The Rex

Danforth Theater, Toronto, Canadá

Formación: Strummer, Jones, Simonon, Headon. El telonero fue Bo Diddley

Repertorio: «I'm So Bored with the USA» / «Drug Stabbing Time» / «Jail Guitar Doors» / «Tommy Gun» / «City of the Dead» / «Hate & War» / «Clash City Rockers» / «White Man in Hammersmith Palais» / «Complete Control» / «Julie's in the Drug Squad» / «Safe European Home» / «Stay Free» / «Police & Thieves» / «Capital Radio» / «English Civil War» / «Guns on the Roof» / «Janie Jones» / «Garageland» / «What's My Name» / «London's Burning» / «White Riot» / «Career Opportunities»

London Calling Tour

31 de marzo: Beaufort Market, Londres. El que debía ser un concierto gratuito en protesta por el cierre de un mercado callejero fue cancelado por la policía minutos antes de su comienzo.
5 de julio: Notre Dame Hall, Londres. Concierto secreto
6 de julio: Notre Dame Hall, Londres. Concierto secreto
14 de julio: Rainbow, Londres. A beneficio del Southall Defence Fund. También actuaron Aswad, The Members y Bongo Danny & the Enchanters
4 de agosto: Turku, Finlandia.

Festival Ruisrock. También actuaron Graham Parker & the Rumours y Steel Pulse

Esta breve gira incluyó un concierto cancelado, un par de actuaciones «secretas», un acto benéfico y un par de festivales. A finales de marzo, los Clash aceptaron aparecer en un concierto benéfico celebrado en un mercado callejero que hacía frente al cierre; cuando la policía canceló la actuación, los centenares de punks que se habían dado cita allí protagonizaron disturbios. La banda volvió a componer, tocar y grabar demos en Vanilla de las nuevas canciones que integrarían su tercer disco. En julio dieron dos conciertos de precalentamiento y ofrecieron otra actuación benéfica en el Rainbow Theatre londinense. Luego grabaron el material de nueva manufactura, con una pausa intermedia para participar en un festival organizado en Turquía en el mes de agosto. Acto seguido, en poco menos de un mes, viajaron a Estados Unidos para emprender su gira *Take the Fifth*.

TOPPER: Por aquel entonces trabajábamos continuamente, nunca teníamos vacaciones. Pero para mí fueron unas vacaciones enormes. ¿Por qué ibas a querer un descanso cuando te encantaba lo que hacías? Si hubiese tenido vacaciones, probablemente me habría limitado a irme a Nueva York y a tocar o a grabar un álbum en alguna parte.

PAUL: Mickey Gallagher participó en la gestación de *London Calling*, lo cual estuvo bien. Aportó algunas cosas realmente buenas. Pero no disfruté teniendo un quinto miembro durante la gira. En mi opinión, las cosas habrían ido bien tal como estaban. Musicalmente, comprendía que las canciones precisaban ese embellecimiento adicional de los teclados, pero yo me inclino por ser directo y prescindir de los extras.

Formación: Strummer, Jones, Simonon, Headon. Los teloneros variaron. En los conciertos se presentó material del álbum *London Calling*, todavía inédito.

Repertorio: «Clash City Rockers» / «White Man in Hammersmith Palais» / «Safe European Home» / «Jail Guitar Doors» / «I'm not Down» / «Death or Glory» / «I Fought the Law» / «London Calling» / «Rudie Can't Fail» / «Lovers Rock» / «City of the Dead» / «Police & Thieves» / «Four Horsemen» / «Jimmy Jazz» / «Hateful» / «Stay Free» / «Capital Radio» / «Janie Jones» / «Hate & War» / «English Civil War» / «Tommy Gun» / «London's Burning» / «Remote Control» / «Complete Control» / «Brand New Cadillac» / «What's My Name» / «White Riot»

Take the Fifth Tour, Norteamérica

8 de septiembre: Monterrey, California. Tribal Stomp Festival con Peter Tosh, Robert Frith, Maria Muldaur, The Mighty Diamonds y Joe Ely
12 de septiembre: Civic Center, Saint Paul, Minnesota. Con la participación adicional de David Johansen
14 de septiembre: Aragon Ballroom, Chicago, Illinois. Con la participación adicional de Bo Diddley
17 de septiembre: Masonic Temple, Detroit, Michigan. Con la participación adicional de Sam and Dave
18 de septiembre: Cleveland, Massachusetts. Con la participación adicional de Sam and Dave
19 de septiembre: Orpheum Teater, Boston, Massachusetts. Con la participación adicional de Sam and Dave
20 de septiembre: Palladium, Nueva York, NY. Con la participación adicional de Sam and Dave
21 de septiembre: Palladium, Nueva York, NY. Con la participación adicional de Sam and Dave. La famosa foto de Paul realizada por Pennie Smith y utilizada en la portada del disco *London Calling* se tomó esa noche.
22 de septiembre: Walnut Street Theater, Filadelfia, Pensilvania
25 de septiembre: St Denis Theater, Montreal, Canadá.

Con la participación adicional de The B Girls
26 de septiembre: O'Keefe Center, Toronto, Canadá. Con la participación adicional de The B Girls
28 de septiembre: Clark University, Worcester, Massachussets. Otros teloneros fueron The Necessaries y Gang War con Johnny Thunders y Wayne Kramer
29 de septiembre: Ritchie Coliseum, College Park, Maryland
2 de octubre: The Agora, Atlanta, Georgia
4 de octubre: Armadillo Club, Austin, Texas. Con la participación adicional de Joe Ely and the Skunks
5 de octubre: Cullen Auditorium, Houston, Texas. Con la participación adicional de Joe Ely and the Skunks
6 de octubre: Palladium, Dallas, Texas. Con la participación adicional de Joe Ely
7 de octubre: Rocks Club [The Rox]. Lubbock, Texas. Con la participación adicional de Joe Ely and the Skunks
10 de octubre: San Diego, California. Con la participación adicional de Joe Ely
11 de octubre: Hollywood Palladium, Los Ángeles, California. Con la participación adicional de Joe Ely, The LA Boys y The Rockabilly Rebels
13 de octubre: Kezar Pavilion, San Francisco, California. Con la participación adicional de The Cramps, Dead Kennedys y The Rockabilly Rebels

15 de octubre: Paramount Theater, Seattle, Washington
16 de octubre: Pacific National Exhibition, Vancouver, Canadá. Con la participación adicional de DOA

Formación: Strummer, Jones, Simonon, Headon. Los teloneros fueron The Undertones, Bo Diddley, Sam and Dave y otros.

Repertorio: «I'm so Bored with the USA»/ «City of the Dead» / «Complete Control» / «London Calling» / «The Prisoner» / «Jail Guitar Doors» / «White Man in Hammersmith Palais» / «Koka Kola» / «I Fought the Law» / «Spanish Bombs» / «Guns of Brixton» / «Clampdown» / «Drug Stabbing Time» / «Julie's in the Drug Squad» / «Police & Thieves» / «Stay Free» / «Safe European Home» / «English Civil War» / «Capital Radio» / «Wrong 'Em Boyo» / «Clash City Rockers» / «Tommy Gun» / «What's My Name» / «Janie Jones» / «Garageland» / «Armagideon Time» / «Career Opportunities» / «Fingernails (Joe Ely)» / «Jimmy Jazz» / «White Riot» / «Brand New Cadillac» / «Be Bop A Lula»

Sixteen Tons Tour, Reino Unido

5 de enero: Friars, Aylesbury
6 de enero: Odeon, Canterbury
8 de enero: Top Rank, Brighton
9 de enero: Top Rank, Brighton
11 de enero: Leisure Centre, Crawley

12 de enero: Pavilion, Hastings
13 de enero: Locarno, Bristol
14 de enero: Gaumont, Ipswich
16 de enero: De Monfort Hall, Leicester
18 de enero: Caird Hall, Dundee, Escocia
19 de enero: Odeon, Edimburgo, Escocia. Teloneros: Josef K y Mikey Oread
20 de enero: Odeon, Edimburgo, Escocia. Teloneros: Josef K y Mikey Oread
21 de enero: Apollo, Glasgow, Escocia. Teloneros: First Priority y Mikey Oread
22 de enero: Apollo, Glasgow, Escocia. Teloneros: First Priority y Mikey Oread
23 de enero: Universidad, Lancaster. Telonero: Mikey Oread
24 de enero: Tiffany's, Blackpool. Telonero: Mikey Oread
25 de enero: King Georges, Blackburn. Teloneros: The Not Sensibles y Mikey Oread
26 de enero: Leisure Centre, Chester. Telonero: Mikey Oread
27 de enero: Top Rank, Sheffield. Telonero: Mikey Oread
29 de enero: St Georges, Bradford. Teloneros: Violation y Mikey Oread
30 de enero: Royal Spa, Bridlington. Teloneros: The Akrylics y Mikey Oread
31 de enero: Universidad, Leeds. Telonero: Mikey Oread
1 de febrero: Victoria Hall, Hanley, Stoke-on-Trent. Cancelado

3 de febrero: Apollo, Manchester. Telonero: Mikey Oread
4 de febrero: Apollo, Manchester. Telonero: Mikey Oread
5 de febrero: Top Rank, Birmingham. Telonero: Mikey Oread
6 de febrero: Top Rank, Birmingham. Telonero: Mikey Oread
7 de febrero: Tiffany's, Coventry. Telonero: Mikey Oread
8 de febrero: Guildhall, Portsmouth. Telonero: Mikey Oread
10 de febrero: Wessex Hall, Poole. Telonero: Mikey Oread
11 de febrero: Sophia Gardens, Cardiff, Gales. Telonero: Mikey Oread
12 de febrero: Stateside, Bournemouth. Telonero: Mikey Oread
13 de febrero: Top Rank, Southampton. Teloneros: Strate Jacket y Mikey Oread
15 de febrero: Electric Ballroom, Londres. Teloneros: Mikey Oread y Joe Ely
16 de febrero: Electric Ballroom, Londres. Teloneros: Mikey Oread y Joe Ely
17 de febrero: Lyceum, Londres. Teloneros: Mikey Oread y Joe Ely
18 de febrero: Odeon, Lewisham. Teloneros: Mikey Oread y Joe Ely
20 de febrero: Victoria Hall, Hanley, Stoke-on-Trent. Cancelado
22 de febrero: Liberty Theatre, Balham, Londres. Teloneros: Mikey Oread y Joe Ely
27 de febrero: Pala is de Sports, París, Francia.

Formación: Strummer, Jones, Simonon, Headon. Los teloneros variaron a lo largo de la gira, pero el grupo estuvo acompañado por Mikey Oread.

Repertorio: «Clash City Rockers» / «Brand New Cadillac» / «Safe European Home»/ «Jimmy Jazz» / «City of the Dead» / «London Calling» / «Koka Kola» / «I Fought the Law» / «Rudie Can't Fail» / «Spanish Bombs» / «Guns of Brixton» / «Train in Vain» / «Wrong 'Em Boyo» / «White Man in Hammersmith Palais» / «Bankrobber» / «Clampdown» / «Stay Free» / «Police & Thieves» / «Tommy Gun» / «Capital Radio» / «Janie Jones» / «Complete Control» / «Armagideon Time» / «English Civil War» / «Julie's Working for the Drug Squad» / «Garageland» / «London's Burning» / «White Riot» / «Hit the Road Jack» / «Revolution Rock» / «Protex Blue» / «Keys to Vour Heart» / «Fingernails»

Sixteen Tons Tour, Europa

12 de mayo: Markthalle, Hamburgo
13 de mayo: Metropole, Berlín
14 de mayo: Schwabingerbrau, Munich

15 de mayo: Oberlaa, Viena, Austria
16 de mayo: Wartburg, Wiesbaden
18 de mayo: Philipshalle, Dusseldorf, Alemania Occidental
20 de mayo: Markthalle, Hamburgo, Alemania Occidental. La actuación acabó en disturbios. Joe fue detenido por golpear a alguien con su guitarra
21 de mayo: Chateau Neuf, Oslo, Noruega
22 de mayo: Olypen, Lund, Suecia
23 de mayo: Eriksdalsballen, Estocolmo, Suecia
24 de mayo: The Scandinavium, Gotemburgo, Suecia
26 de mayo: Cambrai, Francia
27 de mayo: Palais de Sports, París, Francia
28 de mayo: Hall Tivoli, Estrasburgo, Francia
29 de mayo: Palais d'Hiver, Lyon, Francia
30 de mayo: Théatre de Verdure, Nia
1 de junio: Piazza Maggiore, Bolonia, Italia
3 de junio: Parco Ruffini, Turín, Italia
9 de junio: Derby Assembly Rooms, Derby
10 de junio: Colston Hall, Bristol
11 de junio: Colston Hall, Bristol
12 de junio: Mayfair, Newcastle
12 de junio: Victoria Hall, Hanley, Stoke-on-Trent. Cancelado

14 de junio: Reitel Festival, Francia
16 de junio: Hammersmith Palais, Londres. Teloneros: Holly & the Italians
17 de junio: Hammersmith Palais, Londres. Teloneros: Holly & the Italians
18 de junio: Victoria Hall, Hanley, Stoke-on-Trent
21 de junio: Laugardalshoillin Sports Hall, Reikiavik, Islandia
(**+ 23 de agosto:** Heatwave Festival, Mosport Park, Toronto, Canadá)

Formación: Strummer, Jones, Simonon, Headon.
Prácticamente no se recuerda a ningún telonero y no aparecen en los carteles ni en las entradas de la gira; eran grupos locales.

Repertorio: «Brand New Cadillac» / «Safe European Home» / «Clash City Rockers» / «Koka Kola» / «I Fought the Law» / «White Man in Hammersmith Palais» / «The Guns of Brixton» / «Train in Vain» / «Spanish Bombs» / «City of the Dead» / «48 Hours» / «Somebody Got Mudered» / «Jail Guitar Doors» / «Police & Thieves» / «Clampdown» / «Jimmy Jazz» / «Stay Free» / «Bankrobber» / «English Civil War» / «Hate & War» / «Tommy Gun» / «London Calling» / «Janie Jones» / «Armagideon Time» / «Complete Control» / «London's Burning» / «Capital Radio» / «What's My Name» / «Revolution Rock» / «White Riot» / «Hit the Road Jack» /

«Charlie Don't Surf» / «I'm so Bored with the USA»/

Sixteen Tons Tour, EEUU

1 de marzo: The Fox, Warfield, San Francisco, California
2 de marzo: The Fox, Warfield, San Francisco, California
3 de marzo: Santa Monica Civic Center, Los Ángeles, California
6 de marzo: Tower Theater, Filadelfia, Pensilvania
7 de marzo: Palladium, Nueva York, Nueva York
8 de marzo: Capitol Theater, Passaic, Nueva Jersey
9 de marzo: Orpheum Theater, Boston, Massachusetts
10 de marzo: Motor City Roller Rink, Detroit, Michigan
27 de abril: Roxy Theater, Hollywood, California. Concierto «secreto»

Formación: Strummer, Jones, Simonon, Headon. Los teloneros fueron Mikey Oread, Lee Dorsey y The 8-Girls.

Repertorio:
«Clash City Rockers» / «Brand New Cadillac» / «Safe European Home» / «Jimmy Jazz» / «London Calling» / «The Guns of Brixton» / «Train in Vain» / «Protex Blue» / «White Man in Hammersmith Palais» / «Koka Kola» / «I Fought the Law» / «Spanish Bombs» / «Rudie Can't Fail» / «Police & Thieves» / «Stay Free»/ «Julie's Working for the Drug Squad» / «Wrong 'Em Boyo» / «Complete Control» / «Janie Jones» / «Clampdown» / «Armagideon Time» / «English Civil War» / «Garageland» / «Bankrobber» / «Tommy Gun» / «Hit the Road Jack» / «I'm so Bored with the USA»/ «48 Hours»

Después de pasar los meses de enero y febrero de gira por Reino Unido, y de un rápido recorrido de oeste a este de Estados Unidos durante los primeros diez días de marzo, el grupo entró en los estudios Electric Ladyland de Nueva York con algunas ideas pero ninguna canción. Prácticamente vivían en el estudio, y confeccionaron una larga lista de temas, de los cuales, los más pulidos —«Somebody Got Murdered», «Charlie Don't Surf», «The Call Up» y «Stop the World»—, entre ellos serían interpretados en la siguiente fase de la gira mundial *Sixteen Tons*, que llegaría en mayo. Entretanto, el grupo viajó a Jamaica para grabar en los estudios Channel 1 y pasó algún tiempo en los Wessex Studios con Bill Price antes de regresar a Nueva York y Power Station para finalizar las pistas de *Sandinista!*, un triple álbum sorprendentemente barato (¡tres LP por el precio de uno!). Durante todo el tour *Sixteen Tons* el grupo lució trajes rojos, negros o blancos, además de tupés al estilo de los años cincuenta, y salía al escenario mientras sonaba el gran éxito de Ernie Ford «16 Tons», de 1955.

TOPPER: A mí se me hacía muy duro cuando no estábamos de gira o grabando. Si tenía un par de meses libres, volvía a Fulham y me entretenía tomando drogas. Pero disfrutaba mucho cuando estábamos trabajando.

Impossible Mission Tour

27 de abril: Pabellón del Joventut de Badalona, Barcelona, España
28 de abril: Pabellón deportivo del Real Madrid, Madrid, España
30 de abril: Pavilhão Dramático Cascais, Cascais, Portugal
1 de mayo: Lisboa, Portugal [sala desconocida]
2 de mayo: Velódromo de Anoeta, San Sebastián, España
4 de mayo: Burdeos, Francia
5 de mayo: Palais des Sports, Lyon, Francia
6 de mayo: Palais de Beaulieu, Lausana, Suiza
7 de mayo: Zurich, Suiza [sala desconocida]
8 de mayo: Hippodrome de Pantin, París, Francia
9 de mayo: Palais St Sauveur, Lille, Francia
10 de mayo: Japp Edenhall, Amsterdam, Holanda
11 de mayo: Forest National, Bruselas, Bélgica. Los teloneros incluyeron a The Selle Starts y Vic Goddard & Subway Sect
12 de mayo: Musikhalle, Hamburgo, Alemania Occidental
14 de mayo: Idrottshuset, Copenhague, Dinamarca
15 de mayo: The Scandinavium, Gotemburgo, Suecia
16 de mayo: Isstadion, Estocolmo, Suecia
18 de mayo: Eissporthalle, Berlín (Occidental), Alemania
19 de mayo: Circus Krone, Múnich, Alemania Occidental
21 de mayo: Velodromo Vigorelli, Milán, Italia
22 de mayo: San Remo, Italia [sala desconocida]
23 de mayo: Stadio Comunale, Florencia, Italia

Formación: Strummer, Jones, Simonon, Headon. Los teloneros no figuran en los carteles ni en las entradas; hubo varios grupos locales en distintos recintos y países.

Repertorio: «London Calling» / «Safe European Home» / «This Is Radio Clash» / «Train in Vain» / «Washington Bullets» / «The Leader» / «Ivan Meets GI Joe» / «White Man in Hammersmith Palais» / «Clampdown» / «The Guns of Brixton» / «Lightning Strikes» / «Corner Soul» / «Bankrobber» / «Somebody Got Murdered» / «The Magnificent Seven» / «One More Time» / «Spanish Bombs» / «Brand New Cadillac» / «The Street Parade» / «Charlie Don't Surf» / «Janie Jones» / «London's Burning» / «White Riot» / «Armagideon Time»/ «Let's Go Crazy» / «Career

255

Opportunities» / «Wrong 'Em Boyo» / «Junco Partner» / «I Fought the Law» / «Complete Control» / «The Call Up»

The Clash en París

23 de septiembre: Théâtre Mogador
24 de septiembre: Théâtre Mogador
25 de septiembre: Théâtre Mogador
26 de septiembre: Théâtre Mogador
27 de septiembre: Théâtre Mogador
28 de septiembre: Théâtre Mogador
29 de septiembre: Théâtre Mogador
30 de septiembre: Théâtre Mogador

Formación: Strummer, Jones, Simonon, Headon. Teloneros: Wah!, The Beat

Repertorio: «Broadway» / «One More Time» / «This Is Radio Clash» / «Know Your Rights» / «Should I Stay or Should I Go?» / «Charlie Don't Suñ» / «The Guns of Brixton» / «White Man in Hammersmith Palais» / «The Magnificent Seven» / «Train in Vain» / «Ivan Meets GI Joe» / «Clash City Rockers» / «Koka Kola» / «Bankrobber» / «The Leader» / «Junco Partner» / «Graffiti Rap» / «Washington Bullets» / «Ghetto Defendent» / «Complete Control» / «Clampdown» / «I Fought the Law» / «Somebody Got Murdered» / «London Calling» / «Police & Thieves» / «Jimmy Jazz» / «Lightning Strikes» / «Overpowered by Funk» / «Armagideon Time» / «Safe European Home» / «Innoculated City» / «Brand New Cadillac» / «Spanish Bombs» / «Janie Jones» / «White Riot» / «Street Parade» / «Hit the Road Jack»

No contentos con la «conquista» de Nueva York, los Clash decidieron que una residencia en otra gran ciudad extranjera les vendria bién. Así fue como París tuvo el placer de ver a The Clash durante una semana de conciertos en un viejo teatro. El grupo aprovechó las fechas para planificar la gira promocional de «This Is Radio Clash» por Reino Unido, que comenzó en octubre, y el repertorio de estos conciertos y los celebrados en Gran Bretaña son prácticamente idénticos.

Radio Clash Tour

5 de octubre: Apollo, Manchester
6 de octubre: Apollo, Manchester
7 de octubre: Apollo, Glasgow, Escocia. Con la participación adicional de Plastic Files
8 de octubre: Apollo, Glasgow, Escocia
10 de octubre: Bridlington Spa, Royal Hall
11 de octubre: Lyceum, Sheffield

12 de octubre: Royal Court, Liverpool
15 de octubre: Coliseum, Saint Austell
18 de octubre: Lyceum Ballroom, Londres. Con la participación adicional de Stimulin
19 de octubre: Lyceum Ballroom, Londres
20 de octubre: Lyceum Ballroom, Londres
21 de octubre: Lyceum Ballroom, Londres
22 de octubre: Lyceum Ballroom, Londres
25 de octubre: Lyceum Ballroom, Londres
26 de octubre: Lyceum Ballroom, Londres

Formación: Strummer, Jones, Simonon, Headon. Los teloneros fueron Theatre of Hate, además de varias bandas locales

Repertorio: «Broadway» / «One More Time» / «Radio Clash» / «Know Your Rights» / «The Guns of Brixton» / «Protext Blue» / «Train in Vain» / «The Magnificent Seven» / «White Man in Hammersmith Palais» / «Ivan Meets GI Joe» / «Clash City Rockers» / «Koka Kola» / «Junco Partner» / «The Leader» / «Spanish Bombs» / «Complete Control» / «Ghetto Defendant» / «Somebody Got Murdered» / «Clampdown» / «London Calling» / «Charlie Don't Surf» / «Police & Thieves» / «Safe European Home» / «Janie Jones» / «Street Parade» / «Armagideon Time» / «Washington Bullets» / «I Fought the Law» / «Should I Stay or Should I Go?» / «Stay Free»/ «Brand New Cadillac» / «Innoculated City» / «Career Opportunities» / «Bankrobber» / «London's Burning» / «White Riot» / «Graffiti Rap» / «Julie's in the Drug Squad» (4th Lyceum gig only)

De regreso en Reino Unido, el grupo actuó en grandes recintos, lo cual culminó en otra residencia, en esta ocasión en el Lyceum londinense, cerca de The Strand.

Gira por Extremo Oriente

24 de enero: Shibuya Kohkaido, Tokio, Japón
25 de enero: Festival Hall, Osaka, Japón
27 de enero: Sun Plaza, Tokio, Japón
28 de enero: Sun Plaza, Tokio, Japón
29 de enero: Sun Plaza, Tokio, Japón
30 de enero: Kosein-Kaiken Hall, Tokio, Japón
1 de febrero: Sun Plaza Hall, Tokio, Japón
2 de febrero: Festival Hall, Osaka, Japón
5 de febrero: Logan Campbell Centre, Auckland, Nueva Zelanda
6 de febrero: Logan Campbell Centre, Auckland, Nueva Zelanda

7 de febrero: Wellington Town Hall, Nueva Zelanda
8 de febrero: Town Hall, Christchurch, Nueva Zelanda
11 de febrero: Capitol Theatre, Sidney, Australia
12 de febrero: Capitol Theatre, Sidney, Australia
13 de febrero: Capitol Theatre, Sidney, Australia
14 de febrero: Capitol Theatre, Sidney, Australia
16 de febrero: Capitol Theatre, Sidney, Australia
17 de febrero: Capitol Theatre, Sidney, Australia
18 de febrero: Capitol Theatre, Sidney, Australia
20 de febrero: Cloudland Ballroom, Brisbane, Australia
22 de febrero: The Barton Town Hall, Adelaide, Australia
23 de febrero: Festival Hall, Melbourne
24 de febrero: Perth, Australia
25 de febrero: AC Hall, Hong Kong
27 de febrero: Universidad de Thammasat, Bangkok, Tailandia

Formación: Strummer, Jones, Simonon, Headon. Teloneros no detallados

Repertorio: «Should I Stay or Should I Go ?» / «One «More Time» / «Safe European Home» / «Know Your Rights» / «Train in Vain» / «White Man in Hammersmith Palais» / «The Magnificent Seven» / «The Guns of Brixton» / «Charlie Don't Surf» / «The Leader» / «Ivan Meets GI Joe» / «Junco Partner» / «Broadway» /

«Stay Free» / «London Calling» / «Janie Jones» / «Somebody Got Murdered» / «Clampdown» / «This Is Radio Clash» / «Brand New Cadillac» / «Armagideon Time»/ «London's Burning» / «Clash City Rockers» / «Koka Kola» / «Career Opportunities» / «Complete Control» / «White Riot» / «Jimmy Jazz» / «Tommy Gun» / «Poi ice on My Back» / «Fujiyama Mama» / «I'm so Bored with the USA» / «I Fought the Law» / «Garageland» / «Washington Bullets» / «The Call Up»

En la gira por Extremo Oriente, el grupo dio veinticinco conciertos en poco más de un mes a casi 10.000 kilómetros de casa.

Casbah Club Tour por Norteamérica y Reino Unido

Gira Casbah Club, Norteamérica
29 de mayo: Convention Hall, Asbury Park, Nueva Jersey
30 de mayo: Convention Hall, Asbury Park, Nueva Jersey
31 de mayo: Convention Hall, Asbury Park, Nueva Jersey
2 de junio: Fox Theatre, Atlanta, Georgia
4 de junio: The Warehouse, Nueva Orleans, Luisiana
5 de junio: Hofheinz Pavilion, Houston, Texas
6 de junio: The Bronco Bowl, Dallas, Texas

8 de junio: City Coliseum, Austin, Texas
9 de junio: City Coliseum, Austin, Texas
10 de junio: Civic Auditorium, San Francisco, California
12 de junio: Golden Hall, San Diego, California
13 de junio: Mesa Community Center, Phoenix, Arizona
14 de junio: Hollywood Palladium, Los Ángeles, California
15 de junio: Hollywood Palladium, Los Ángeles, California
17 de junio: Hollywood Palladium, Los Ángeles, California
18 de junio: Hollywood Palladium, Los Ángeles, California
19 de junio: Hollywood Palladium, Los Ángeles, California
20 de junio: County Bowl, Santa Barbara, California
22 de junio: Civic Auditorium, San Francisco, California
23 de junio: Civic Auditorium, San Francisco, California
26 de junio: Kerrisdale Arena, Calgary, Canadá
28 de junio: Maxbell Arena, Calgary, Canadá
29 de junio: Kinsmon Fieldhouse, Edmonton, Canadá
Gira Casbah Club, Reino Unido
10 de julio: Fair Deal, Brixton, Londres
11 de julio: Fair Deal, Brixton, Londres
12 de julio: Stoke Mandeville Hospital Sports Stadium, Aylesbury, Buckinghamshire. Fue un concierto benéfico para la unidad de lesiones medulares
13 de julio: Victoria Hall, Hanley, Stoke-on-Trent
14 de julio: City Hall, Newcastle
15 de julio: City Hall, Newcastle
17 de julio: Bradford St Georges Hall
18 de julio: Bingley Hall, Birmingham
19 de julio: Assembly Rooms, Derby
20 de julio: De Montford Hall, Leicester
22 de julio: Leisure Centre, Irvine
23 de julio: Playhouse, Edimburgo
24 de julio: Ice Rink, Inverness
25 de julio: Playhouse, Edimburgo
26 de julio: Universidad, Leeds
27 de julio: Arts Centre, Poole
28 de julio: Guildhall, Portsmouth
30 de julio: Fair Deal, Brixton, Londres
31 de julio: Brighton Centre, Brighton
2 de agosto: Locarno, Bristol
3 de agosto: Locarno, Bristol

Formación: Strummer, Jones, Simonon, Chimes. Ahora que el grupo había echado a Topper, reclutó a Terry Chimes, una vez más, como batería. Los teloneros en algunos conciertos de la gira norteamericana fueron The (English) Beat, y en Reino Unido Southern Death Cult, Under Two Flags y Pearl Harbour

Repertorio: «London Calling» / «Police & Thieves» / «Train in Vain» / «Car Jamming» / «Career Opportunities» / «Know Your Rights» / «The Magnificent Seven» / «Ghetto Defendant» / «Clash City Rockers» / «Janie Jones» / «Should I Stay or Should I Go?» / «Brand New Cadillac» / «Bankrobber» / «Somebody Got Murdered» / «Rock the Casbah» / «Complete Control» / «Clampdown» / «The Guns of Brixton» / «I Fought the Law» / «Police on My Back» / «Armagideon Time» / «Straight to Hell» / «Jimmy Jazz» / «Safe European Home» / «Garageland» /. «Spanish Bombs» / «Radio Clash» / «Wrong 'Em Boyo» / «Charlie Don't Surf (UK only)» / «Pressure Drop (UK only)» / «I'm so Bored with the USA (UK only)»

Combat Rock Tour por Norteamérica

9 de agosto: Red Rock Amphiteatre, Morrison, Colorado

11 de agosto: Civic Center, Saint Paul, Minnesota

12 de agosto: Aragon Ballroom, Chicago, Illinois

13 de agosto: Aragon Ballroom, Chicago, Illinois

14 de agosto: Civic Center, Grand Rapids, Michigan

16 de agosto: Grand Theatre, Detroit, Michigan

17 de agosto: Civic Theatre, Akron, Ohio

18 de agosto: Stanley Theater, Pittsburgh, Pensilvania

19 de agosto: Carnegie Mellan University, Pittsburgh, Pensilvania

20 de agosto: Cape Cod Coliseum, Hyannis. Teloneros: 007

21 de agosto: Cape Cod Coliseum, Hyannis. Teloneros: Gang Green

23 de agosto: Cape Cod Coliseum, Hyannis. Teloneros: Jerry's Kids

26 de agosto: Penn Rink, Filadelfia, Pensilvania. Telonero: Burning Spear

27 de agosto: Penn Rink, Filadelfia, Pensilvania. Telonero: Burning Spear

28 de agosto: Providence Civic Center, Providence, Rhode Island

31 de agosto: Pier 84, Nueva York, NY. Teloneros: Gregory Isaacs, Kurtis Blow

1 de septiembre: Pier 84, Nueva York, NY. Teloneros: Gregory Isaacs, Kurtis Blow

2 de septiembre: Pier 84, Nueva York, NY. Teloneros: Gregory Isaacs, Kurtis Blow

4 de septiembre: Verdun Auditorium, Montreal, Canadá. Teloneros: Black Uhuru

5 de septiembre: CN E Grandstand en el viejo Exhibition Stadium, Toronto, Canadá. Teloneros: Black Uhuru

7 de septiembre: Orpheum Theater, Bastan, Massachusetts. Teloneros: The (English) Beat

8 de septiembre: Orpheum Theater, Bastan, Massachusetts. Teloneros: The (English) Beat

25 de septiembre: JFK Stadium, Filadelfia, Pensilvania. Como teloneros de The Who. Santa na era el tercero en el cartel
26 de septiembre: Rich Stadium, Buffalo, Nueva York. Como teloneros de The Who
30 de septiembre: Pontiac Silverdome, Detroit. Como teloneros de The Who
2 de octubre: State University of New York (SUNY), Binghamton, Nueva York. Telonero: Kurtis Blow
3 de octubre: RPI Fieldhouse, Troy, Nueva York. Teloneros: Khmer Rouge, Kurtis Blow
4 de octubre: Universidad de Vermont en Burlington, Vermont. Teloneros: Pinhead
6 de octubre: SM U, North Darmouth, Massachusetts
12 de octubre: Shea Stadium, Nueva York. Como teloneros de The Who
13 de octubre: Shea Stadium, Nueva York. Como teloneros de The Who
15 de octubre: William and Mary Hall, Williamsburg, Virginia
16 de octubre: Carnegie-Mellon University, Pittsburgh, Pensilvania
17 de octubre: Memorial Gym, Kent State University, Ohio
19 de octubre: Folsum Field, Universidad de Colorado, Boulder, Colorado. Como teloneros de The Who
20 de octubre: Seattle Kingdom. Como teloneros de The Who

22 de octubre: Memorial Auditorium, Sacramento, California
23 de octubre: Coliseum, Oakland, California. Como teloneros de The Who
25 de octubre: Coliseum, Oakland, California. Como teloneros de The Who
29 de octubre: Coliseum, Los Ángeles, California. Como teloneros de The Who
27 de noviembre: Bob Marley Centre Montego Bay, Kingston, Jamaica. World Music Festival con Rick James, Jimmy Buffet, The (English) Beat, Yellowman y Rita Marley and the Melody Makers.

Formación: Strummer, Jones, Simonon, Chimes. Los teloneros fueron bandas locales.

Repertorio: «London Calling» / «White Man in Hammersmith Palais» / «Know Your Rights» / «Spanish Bombs» / «The Guns of Brixton» / «Somebody Got Murdered» / «Rock the Casbah» / «Ghetto Defendant» / «The Magnificent Seven» / «Wrong 'Em Boyo»/ «Police on My Back» / «Charlie Don't Surf» / «Police & Thieves» / «The Leader» / «Brand New Cadillac» / «Car Jamming» / «Train In Vain» / «The Call Up» / «English Civil War» / «Garageland» / «Armagideon Times» / «Should I Stay or Should I Go?» / «I Fought the Law» / «Straight to Hell» / «Pressure Drop» / «Janie Jones» / «I'm so Bored with the USA»/ «Career Opportunities» /

«Junco Partner» / «Radio Clash» / «Clampdown» / «Clash City Rockers» / «One More Time»/ «Safe European Home» / «Bankrobber» / «Complete Control» / «Stay Free» / «White Riot» / «Tommy Gun» / «London's Burning»

US Festival Tour

18 de mayo: Amarillo, Texas Civic Center Auditorium
19 de mayo: Memorial Auditorium, Wichita Falls, Texas. Telonero: Joe Ely
22 de mayo: Majestic Theater, San Antonio, Texas
26 de mayo: Tucson Activity Center, Tucson, Arizona
28 de mayo: Glen Helen Regional Park, San Bernardino, California. Teloneros: Men at Work, Flock of Seagulls, INXS, Wall of Voodoo, Divinyls, The (English) Beat, Oingo Boingo, Stray Cats

JOE: El US Festival congregó a más de 250.000 personas en un inhóspito lugar del desierto californiano, y no recuerdo haber tocado muy bien aquella noche. Estaban ocurriendo demasiadas cosas en aquella gira. Había permanecido en el autobús durante el trayecto entre Phoenix y Los Ángeles, intentando ordenar mis pensamientos sobre todo el revuelo que se estaba produciendo entre los miembros del grupo.

MICK: El US Festival fue un concierto enorme, organizado por los fundadores de Apple Computers, con el que Bernie generó mucha fricción. No dejaba de repetirnos que debíamos convocar una rueda de prensa, pero estábamos muy alterados y no queríamos hacerlo. Estábamos sentados a una mesa con centenares de periodistas agolpándose hacia nosotros y Joe no mediaba palabra. Les dio la espalda. Al final, Bernie se vio obligado a responder a las preguntas mientras nosotros estábamos en el escenario. Fue mi última actuación, pero todavía nos sentíamos unidos ante el público. Sin embargo, fuera del escenario no manteníamos comunicación alguna.

Formación: Strummer, Jones, Simonon, Howard

Una gira breve de calentamiento antes de tocar ante 250.000 personas en el primer US Festival, organizado por Apple Computers y celebrado en San Bernardino, California. Fue el último concierto de Mick con The Clash. Terry Chimes fue sustituido por Pete Howard.

Repertorio: «Garageland» / «This Is Radio Clash» / «Train in Vain» / «Rock the Casbah» / «White Man in Hammersmith Palais» / «Lost in the Supermarket» / «Spanish Bombs» / «Death or Glory» / «The Guns of Brixton» /

«Clampdown» / «Know Vour
Rights» / «Somebody Got
Murdered» / «Sound of the
Sinners» / «Brand New
Cadillac» / «Police on My
Back» / «I Fought the Law» /
«London Calling» / «Straight to
Hell» / «Should I Stay or Should
I Go?» / «The Magnificent
Seven» / «Police & Thieves» /
«Hate & War» / «I'm so Bored
with the USA»/ «Tommy Gun» /
«Fingernails» / «Armagideon
Time» / «Koka Kola» / «Car
Jamming» / «Safe European
Home» / «Charlie Don't Surf»

FILMOGRAFÍA

Rude Boy

Directores: Jack Hazan,
David Mingay
Guionistas: David Mingay,
Ray Ganges
Protagonistas: Ray Ganges,
The Clash

Actuaciones de The Clash incluidas:

«English Civil War» (grabada
el 1 / 3 / 79, Lyceum, Londres)/
«White Man in Hammersmith
Palais» (4 / 7 / 78, Apollo,
Glasgow) / «I'm so Bored with
the USA» (4 / 7 / 78, Apollo,
Glasgow) / «Janie Jones» (4 /
7 / 78, Apollo, Glasgow) /
«White Riot» (4 / 7 / 78, Apollo,
Glasgow) / «Complete Control»
(27 / 7 / 78, Music Machine,
Londres) / «Tommy Gun» (6 /
7 / 78, Dumfermline Kinema) /
«I Fought the Law» (28 / 12 /
78, Lyceum, Londres) / «Safe
European Home» (27 / 7 / 78,
Music Machine, Londres) /
«What's My Name» (27 / 7 / 78,
Music Machine, Londres) /
«Police & Thieves» (12 / 7 / 78,
Top Rank, Birmingham)
«London's Burning» (30 / 4 /
78, Victoria Park, Hackney,
Londres) / «White Riot» (30 /
4 / 78, Victoria Park, Hackney,
Londres) / «Piano Song»
(estudio / película) / «Garage-
land» (estudio / película)

En el concierto de Rock Against
Racism, los Clash habían sido
filmados por un pequeño equipo
que les siguió durante unas
semanas. Los directores Jack

Hazan y David Mingay habían
grabado al grupo con el
consentimiento de Bernie, y
los Clash simplemente lo habían
tolerado siempre que el equipo
no supusiera un estorbo. Sin
embargo, en la actuación de
RAR, la filmación devino
parte del espectáculo.

MICK: Aquél era el público más
numeroso para el que habíamos
tocado hasta entonces, y no sé
si estaban empujando a R ay
(Ganges) al escenario para
que obtuviera una filmación
de calidad, pero trataban de
conseguir buenas imágenes
nuestras y todo se descontroló
un poco.

JOE: En algún momento de
1977 vino un cineasta y nos dijo
que quería rodar una película.
Acababa de realizar un filme
sobre David Hockney titulado
A Bigger Splash, y le
respondimos:
«De acuerdo, rueda tu película,
pero no te interpongas». Me
hacía sentirme a gusto el hecho
de que no preguntáramos de
qué trataba la película o qué
planes tenía. Simplemente nos
limitamos a decirle: «Muy bien,
si quieres hacer una película
sobre nosotros, adelante,
pero tenemos que salir de gira.
Puedes seguirnos y filmar,
pero no molestes».

MICK: Al parecer, Bernie
planificó la película *Rude Boy*,
y a mitad de rodaje dejó de
trabajar con nosotros, así que

improvisábamos sobre la marcha y ellos lo filmaban.

DAVID MINGAY [director y guionista, 1980, a propósito del esteno de la película]: Lo que antes parecía hermoso y adecuado había cambiado. Cuando los Clash actuaron en el Rainbow y se arrancaron las butacas fue justo después de que hubiesen estallado las bombas irlandesas en Londres. Se había creado una atmósfera en torno a los Clash, y lo que hacían distaba mucho de soltar tacos en televisión, cosa que aparentemente catapultó la carrera de los Pistols.

MICK: Entre una cosa y otra, estábamos finalizando nuestra actuación en Victoria Park y los *roadies* de los otros grupos empezaron a subirse al escenario, mientras eran filmados, por supuesto, e intentaron sacarnos de allí. No sé si se nos había agotado el tiempo, pero de ser así no fue algo premeditado, nunca haríamos algo así.

BERNIE RHODES (1980, con motivo del estreno): Fue muy laborioso intentar despertar el interés del grupo en el proyecto, porque estaban perdiendo el interés en todo lo que tuviera que ver conmigo; ya fue bastante complicado lograr que aceptaran a Ray. Al final se les iba a pagar cierta cantidad, pero básicamente se suponía que era por amor al arte.

JOE: Recreé algunas escenas con Ray Ganges, como una en la que se me acercaba en Londres y me pedía trabajo como *roadie* y, pese a que algunas de esas escenas se crearon especialmente para la película, en su mayoría eran reales, aunque él nunca fue nuestro *roadie*.

DAVID MINGAY: La presión que sufren es tremenda. Eres la imagen que proyecta de ti la prensa musical, porque documenta todos tus movimientos, así que las exigencias de los aficionados son incluso mayores que las del sector.

JOE: Esa película ha resistido bastante bien el paso del tiempo, aunque en su momento nos sentimos bastante incómodos con el director. Al verla dudo que comprendiéramos realmente de qué iba. Quizá nos habíamos hartado de él, o tal vez estábamos todos hartos de todos por tener que viajar juntos. Al final resultó caótico, pero creo que, en definitiva, la película ha soportado bien el paso del tiempo.

Libros del Kultrum le agradece el tiempo dedicado a la lectura de esta obra. Confiamos en que haya resultado de su agrado y le invitamos a que, si así ha sido, no deje de recomendarlo a otros lectores.

Puede visitarnos en www.librosdelkultrum.com, en Facebook, en Twitter y en Instagram donde encontrará información sobre nuestros proyectos; y desde donde le invitamos a hacernos llegar sus opiniones y recomendaciones.

TÍTULOS
PUBLICADOS

EN
PREPARACIÓN

RESPECT:
VIDA DE ARETHA
FRANKLIN
David Ritz

Q
AUTOBIOGRAFÍA
Quincy Jones

NICK CAVE:
LETRAS
OBRA LÍRICA
COMPLETA
Nick Cave

I · ME · MINE
Canciones,
conversaciones,
recuerdos y anotaciones
George Harrison

ENTREVISTAS
DE ULTRATUMBA
Dan Crowe

W
O
M